中野光

umene satoru

梅根悟

その生涯としごと

新評論

まえがき

梅根が『世界教育史』と題する大著を発表したのは一九五五年の秋だった。本のサブタイトルに、「人間は人間を幸福にできる、その考え方の歴史」と書かれていたことに、少し驚きを覚えたように記憶している。本文と索引を合わせると五〇〇ページを超えており、確か定価は六五〇円で、書店で買うには決断を必要とした。しかし、つい先ごろまで東京文理科大学で教育史研究の指導を受けていた恩師の力作でもあり、私自身は、当時その創設にもかかわった桐朋学園小学校で二年生の担任教師をしていたが、教育史研究者として生きる希望を捨てたわけではなかったので、思いきって買い求めた。

下宿へ帰って、すぐに読みはじめた。

著者は「世界教育史ところどころ」としたほうがふさわしかったと告白し、その不充分さも自覚していることを本のなかに書き記していた。「世界教育史」という書名の本は、当時、ソビエトの教育学者三五名が分担して書いたものしかなかったはずである。

「梅根さんの世界教育史だが、単独で書かれたとはとうてい信じられない。しかし、著者をよく知っている貴君なら、梅根先生をしてあの本を書かせたものが一体何だったのか知っているだろう」

身近にいた親友から、こう尋ねられたこともよく覚えている。

梅根をして「世界教育史」を書かせた理由は、彼の東京文理大時代にどういう研究課題に立ち向かったか、また戦中・戦後における彼の研究史をある程度は知らなければならない。

梅根の小倉師範学校時代は、大正デモクラシーのピーク時代と重なり、日本の教育界に新教育運動がみなぎっていた。東京の高等師範学校に入学した時点で、すでに新教育の思想的源流に立ち向かうという問題意識は明確になっており、卒業論文は、日本ではまだまったく知られていなかったコメニウスからはじまり、ルソー、ペスタロッチへと続く三人の「自然」概念の比較と、関連を問うというユニークなものだった。その卒業論文を審査した篠原助市教授は、「梅根の前に梅根なし、梅根の後にも梅根なし」と語っている。

西洋の教育思想史を学ぶことからはじまった梅根の教育学研究は、やがてそうした教育についての考えをどういう器、つまりは学校に盛り込むことで現実化していったのかという教育制度の研究へと移り、さらに、アジアやアフリカ、および南アメリカの国々を次々と植民地化していった先進西洋諸国が、本国で、あるいは植民地でどんな教育を施していったかというように、その視野を世界全体へと拡大し、深化させていった。

『世界教育史』は、そうした彼の教育研究の第三段階目の秀作であり、習作と言ってもよいだろう。

習作という言葉を使ったのは、梅根は、自身の構想をさらに発展させ、完成させるために、一〇〇名を超える共同研究者を集めて「教育史学会」を組織し、「世界教育史大系」全五〇巻という大きな著作へと挑戦していったからである。「世界教育史大系」は、一九七四年に講談社より刊行がはじまり、一九七八年には完成祝賀会が開かれている。

それだけではなかった。勝田守一との共同監修で、明治図書から『世界教育学選集』全五〇巻を刊行している。そこには、ドイツのシュライエルマッヘルの『国家権力と教育』（梅根栄一との共同訳）も、かねてから梅根自身の願いでもあったペスタロッチの『隠者の夕暮』（第三五集）なども含まれていた。

共同監修者の勝田守一が死去したあとは、梅根一人が責任を負うことになったが、当初予定の五

「世界教育学選集」のパンフレット

〇巻が倍増され、発行巻数は全一〇〇巻の予定となった。それでもこの事業は、ほぼ予定通り完成している。「ほぼ」というのは、実際に出版されたのが九三巻であったからだ。いずれにしろ、梅根の世界教育史研究は、相次ぐこうした出版とともに画期的な進歩を遂げたと言える。

梅根は、よく「自分は二足のわらじを履いて人生を生きてきた」と語っていた。世界的な教育史研究者であると同時に、常に「行動する人」であり、教育現場に身を置き、現場からの教育改革を絶えず目指していた「実践的教育学者」でもあった。東京教育大学の学部長、日本学術会議の有力メンバーとしての活躍、教育大学の学長選挙への出馬、さらには和光大学の初代学長を務める一方、日教組の教育制度検討委員会や中央教育課程検討委員会の会長など、社会的な活動も忘れるわけにはいかない。

二足のわらじというより、「より適切には一足のわらじの左足と右足ぐらいのものかもしれないが」とも語っていたが、「世界教育史」につながる著作が右足だとすれば、一九七七年に明治図書から出版された全八巻からなる『梅根悟　教育著作選集』に収められたものは、左足にあたると言っていいだろう。

この著作選集については、「教育の実際問題に関して今までに読みかつ考えきたったところをまとめたものに限って選んだ」とも、「私の生活教育運動の理論シリーズともいうべきもの」として選んだとも明記していたが、さらに「今の若い教師諸君にいま一度こんな本を読んでみてもらえないだろうかとの思いを込めて私はこの選集を世に送る」と書いているところが印象深い。

さて本書においては、第1章で「子ども時代」のことを、そして続く章において、教育者になるまでの過程を記していくことにする。通常の場合、「評伝」という形をとって表すことが多いわけだが、梅根が書き上げた一三〇〇点を超える本や論文のなかには「エッセイ」としての回想録なども たくさんある。同じく引用する形で、各時代を紹介していくことにする。

念のために言うが、この形式をとるには重要な意味がある。それは、梅根が書いた文章、とりわけ読者対象が広いと想定される場合には、文体をはじめとして大いなる配慮がうかがえるからである。半世紀も前に書かれたものとは思えない文章、現在、本が読まれなくなったと言われている状況からすると、これらの文章は参考になるところが多々ある。

何よりも、読者に対する配慮がすごい。伝えたい、理解してもらいたい、といった梅根の配慮、そんなところをも意識しながら本書を読み進めていただき、「教育界の巨人」梅根悟の生涯を辿っていただければ幸いである。

とはいえ、四〇年以上も前に書かれたこれらの本を読み通すことは決して簡単なことではない。ましてや、現在の社会状況を踏まえれば、いくら教育を論じるにおいて重要な本であったとしても、現職の教師や学生が早々簡単には読めないだろう。そんな状況を鑑み、本書では、梅根が書いた主要な本のエッセンスとなるところを引用する形で取り上げ、筆者の解説を付していくことにした。もちろん、本書で刺激を受けた読者のみなさんが、梅根の原典に当たるようになることも期待している。

なお、本書では、読者のみなさんがさらに読みやすいように、一部改行を加えたり、読点を付け加えたこともお断わりしておく。

筆者の希望は、かつて日本にはこんなにも凄い教育者がいたことを、一人でも多くの方に知っていただき、現在、さまざまな問題が表出している日本の教育現場がより良い状態になっていくことである。梅根と同じく教育現場に携わってきた筆者が著すことのできる最後の本として、「梅根悟」という教育者を選んだ理由も感じ取っていただきたい。

お詫び　「あとがき」で述べさせていただいているが、筆者は数年前から著しく視力が低下している。そのため、かつて調べた資料が現在どこにあるのか分からない状態となっている。本文中で引用している文章において、出典が明記できないところが数か所あるのだが、このような身体的な理由によるものであることを踏まえていただくと同時に、お詫び申し上げたい。

もくじ

終章 晩年の梅根悟 167

梅根悟——その生涯としごと

ユメニウス文庫の開庫式で挨拶をする梅根悟
（出典：『梅根悟教育著作選集３』1967年撮影）

第1章 子ども時代の原風景

かつて梅根は、しばしば自らの生い立ちを学生たちに向けて語り、現場の教師が多く参加している「日本生活教育連盟」の機関誌『生活教育』誌上にもエッセイを発表してきた。(1) もちろん、単に昔を懐かしんでの懐古趣味だったとは思えない。

いったい、梅根はどのような生い立ちであったのだろうか。そして、それを語り、綴ることの意味をどのように考えていたのだろうか。まずは、彼の語る話に耳を傾けるところからはじめることにする。

（1） 第7章に詳しいが、「コア・カリキュラム連盟」として発足し、後年「日本生活教育連盟」と改称した自主的な民間教育研究団体。機関誌『生活教育』は、二〇一九年二月号で通巻843号となっている。

1 生まれ育った家庭・地域・時代

私は北九州の片田舎の農村に生まれた。(2) 玄界灘に注ぐただ一つの大きな川といっていい遠賀川を上流へ上流へとさかのぼっていって、その枝川の一つである嘉麻川をさらに上ってゆくと、それは嘉麻峠にたどりつく。そこが水源である。その嘉麻峠のふもとの村、それが私の生れ故郷である。(中略)

私の家はその村でも、どんづまりの部落、明治の町村合併以前の一つの村、の中心部にあった。父はもともと腕っこきの大工職人。母の父は昔は博多で黒田の武士たちのための刀鍛冶の家で刀を打つ修行をしたという人。刀鍛冶が失業する時勢になって、この村に帰って、農鍛冶家をはじめた。

私の家は、父が大工職をやりながら、母がこの家の古くからの生業であった「店」をやっていた。「店」といえば私のうちを意味するくらいに、村でただ一軒の商店であったらしい。この店で間に合わないものは、八キロ近く離れた下流にある町まで、テクテク歩いて買い出しにゆくより外はないのだから、日用品なら一通りは何でもあるという、ささやかな百貨店である。呉服類もちょっとしたものならある。魚屋でもあれば、下駄屋でもある。それでいて居酒屋も兼ねている。二階の座敷はときどき宴会にも使われる。だから料亭でもあるわけである。

鍛治屋をしている私の母方の祖父の家は私の家のすぐ北がわにあった。私の家の前隣りは紺屋、つまり染め物屋さん。そのほかこの近くには製紙をやっている家があった。こんないろいろの農業以外の商売をやっている家があるのは、この小部落だけだったから、ここは、いってみれば、この小さな部落の首都みたいなところであり、私の家はさしずめそこにあるデパートであった。もちろんそのほかはみんな農家で、私の家も、裏口を出ればすぐ水田であった。

私はそんなところで生れ、育った。子どもの時の遊び場は、おやじの大工の仕事場であり、川であり、山

(2)　梅根が生まれたのは、一九〇三（明治三六）年九月一二日である。

梅根の生家（写真提供：梅根典子氏）

梅根の母クマ（写真提供：梅根典子氏）

であった。祖父の鍛冶場に入れてもらって、ふいごで鉄をまっ赤にして、金とこの上でトンチンカンと鍛えて、横の水槽にジューッと音を立てながら入れる。そうしているうちに、鉄の棒っ切れが、次第に鎌の形になったり、鍬の形になってゆくのを、見ているのは、何度見ても面白かった。

紺屋さんの家のしごとも面白かった。紙を作る工程も、あきることのない面白いものであった。もちろん、おやじの大工のしごとも、大へん面白かったし、この方はただの見物ではすまないで、おやじに叱られたり、ある時は、これなら使っていいと、道具をあてがわれて、まねごと大工をやって遊んだものである。

母が忙しく立ち働いている店の方は、小さいうちから、見物やまねごとではなく、手伝いをさせられた。夜はよなべに下駄の鼻緒をすげる仕事や、帳面つけ、お金の計算などのしごとがあったし、いつかも書いたが、石油ランプの掃除は私の毎朝の日課——つらい日課であった。田植えの頃になると、私の母も近くの親戚の農家の田植えを手伝った。店を姉にまかせておいて。農作業も見物するだけでなくいくらかは手つだった。小学校の五、六年生ごろからは、もう田の中に入って、田植えの列に加わった。

こうして私は山にきのこ取り、わらび取りに行き、川に魚とりに行くといった自然のふところの中にわけ入ってゆく生活とともに、農、工、商の三分野の労働にじかに触れながら育って

いった。山や川での遊びもただの遊びではなく、食物の採集や狩猟や漁ろうであった。（中略）

つまり私は、子ども時代を原始社会的な食糧の採集と漁ろうの生活を経験しながら、また中世的な農業と工業と商業の現場の中で、それを経験しながら、それを手伝ったり、観察したりしながら、成長した。

それだけではなかった。この山奥の農村にも私の子ども時代には資本主義社会の嵐が吹き込んでいた。私の子ども時代の終りの頃は、米騒動の時代である。私の家の近所は山奥の部落の首府みたいなところだったから、ここにはあちこちから流れこんで、何かしごとをみつけながら、辛うじて暮している無産者があった。そうした家のおかみさんが私の店に米を買いに来て、（私の店は農村の中の店だったが、その頃は米も売っていた）一升ますで、米箱から米をはかってやっている私の母と暮しの苦しい話をしていたのをよくおぼえている。

実家の裏に流れる川（写真提供：梅根典子氏）

「きょうから米が二十四銭になったよ（一升）」と母が言い、「二十四銭？へえ」といって、あきれていたおかみの顔をまざまざとおぼえている。

私の家は不動産も少なく、富裕ではなかったが、極貧ではなかった。だから私には、極貧の家で育った人がなめたであろうような苦労の経験はない。苦労はランプ掃除やら、妹の子守りやら、いろいろあったが、三度の食事を欠食しなければならないような苦労はしないですんだ。しかし、そんな生活をしている人たちの生活をじかに見たりきいたりして成長した。

私の家は商業をやっていたからいつでも小金があった。従ってこんな人たちが、しばしば、ちょっとした借りをしに私の家にやって来ては、私の父や母から金を借りて行った。そんな時の暮らしの苦しい話、やりくりの話など、隣りの室での話でも私の耳に入らないわけにはゆかなかった。のちに東北の子どもたちの生活綴り方によって描き出されるようになった、農村の貧農や無産者の生活を私はそんなすじ道で知った。そんな形で私は、近代社会の荒波の一端にも、じかに触れながら子ども時代をすごして来た。

（中略）

私は小倉の師範学校で教生として附属小学校の子どもに接し、その後、東京高師（筆者注・東京高等師範学校）に入ってから、東京の子どもに接した。家庭教師をやったり、教生をやったりした機会に。そうして私が接した都会の子どもというものは、私にとって甚だ勝手のちがった私の肌に合わない、あからさまに言えば、憎らしい餓鬼どもであった。

彼等は一様に、おしゃべりで、子ども仲間では悪ふざけばかりやっており、何でも知っているが、何もできない。何でも知っていると言ったが、それは近ごろの子どもで言えば自動車の銘柄名を知っているとか、プロ野球選手の背番号を知っているといったサロン的知識のことであって、私が子どものころに行動と直感で学んだような、庶民の労働と生活については何も知らないのである。

くだらないおしゃべりと、わるふざけと、労働参加あるいは労働模倣的でない無意味なひまつぶし的な遊びにふけっている、この都市プチブル的な子どもの生態というものは、私のような育ち方をした人間からみると、腑抜けみたいに頼りなくて、そして唾棄すべきもののように思われた。

（中略）

そして、やがて私はルソーの「エミール」にとりつき、それに魅せられ、それに刺戟されて教育学という学問をやる決心をするようになったのだが、エミールに書いてあることは、実は、私が東京の子どもをみて、自分の過去の育ち方をふり返りながら、漠然と感じていたことを、あざやかに、理論的に、そして文学的に述べたものであった。私にはそう受けとれた。

ルソー自身も山国スイスの田舎者であり、職人の子であった。そして「エミール」全篇を貫いている一本の筋は、ジュネーブ郊外の農村の子どもたちと、パリの上中流階級の子どもたちとのコントラストである。そのコントラストを描きながら彼は「農民の子には教育はいらない」といい、人為的な学校教育で補う必要のあるのは都市のブルジョアの子どもである、なぜなら彼等は本来の、つまり生活による教育を欠いて生長して来ているからだ、というように喝破した。

それは私にとって、全く自分の言いたいことを言ってもらっているようなものであった。（梅根悟『教育断想　歴史に生きる』あゆみ出版、一九八二年、九～一五ページ）

梅根の「生まれ育った家庭・地域・時代」と題してはじめたこの章だが、彼が書いたここまでの文章には「私と生活教育」という題がついている。梅根が育った時代、地域には、働く大人たちの生活が周辺にあるだけでなく、子どもたちもそこに参加していた。紹介した文章は、そんな生活のなかで身につけた知識や技能、そして態度こそが生活者として生きる人間の骨格をつくっていくという、生活教育の思想における基本を述べたものとなっている。

学校ではなく、労働を中核とした日常の生活のなかでこそ人は学び、育つ。言うまでもなく、それが「自然」な学びであろう。にもかかわらず、二一世紀を生きる私たちの周辺には、そうした現実がもはやほとんど存在していない。現代を生きる子どもたちの育ちと学びをどのようにとらえ、さらには、学校教育のあり方をどのように改革していくことが現在求められているのだろうか。梅根悟の学びと仕事をたどりつつ、本書においてともに考えていきたい。

2 師範学校への道

一九一〇（明治四三）年、梅根が入学した宮野尋常小学校は、一学級に五〇人ずつ、六学級という小さな小学校だった。義務教育となっていた四年間の課程を終えたあとのことを、次のように語っている。

その後、どうしようかということになり、誰れも勧める人がいなければ私は村の大工になっていただろうと思いますが、小学校の校長先生が、お宅の坊主はできるんだから中学校へ入れたらどうかと、両親に勧めに来たらしいんです。

その頃は、旧制中学校というのは、全県に二～三校しかない、私の住んでいた所から二十キロばかり離れた所に、県立の中学校があり、通学するには、半分汽車に乗り、半分歩かなければならないという所ですが、父親は、私の進学のことで、とにかくご本家のおじいさんに相談に行ったらしいのです。

すると、村の小学校校長をやったこともあり、村長でもあるその人は「絶対に中学校に入れてはいかん、あの子は中学なんかに入れると村へ帰って来なくなる、村へ帰ってこさせるには師範学校へ入れた方がいいだろう、師範学校なら卒業して教師になれるから、村へ帰って小学校の教師ができるから、入れるんだったら師範学校にしなさい」といって、中学校入学に反対する意見だったらしいのです。

父親も納得して、それから二年間、町の高等小学校に歩いて通ったんです。三キロぐらいの距離でしたが、下駄または草履で通学しておりました。

(一九七六年四月、和光大学の新入生に語った学長講話「私の生い立ち」から。一八五～一八六ページ)

1913（大正２）年、梅根の卒業写真（出典：嘉麻市立宮野小学校「閉校記念誌」）

師範学校に入学するためには、尋常小学校を卒業しただけではだめで、高等小学校の卒業資格が必要だった。それにしても、一〇歳という年齢のときに、教師になることを決めていたことには驚く。また、本家のおじいさんが「師範学校にしなさい」と言った理由にも感心してしまう。「地方創生」が叫ばれている現在、耳が痛くなる人も多いのではないだろうか。

本家のおじいさんの言葉には、次のような歴史的な背景があったと考えられる。これについても、梅根自身が書いているので紹介しよう。

その頃の師範学校の最大の魅力は兵役がない、ということであった。その頃の師範学校卒業生は、徴兵令の上では陸軍六週間現役兵という制度によって、わずか六週間の兵役に服するだけで、あとは予備役にも編入されないで、完全に召集令状の来る危険から免除されていた。（中略）

梅根が卒業した宮野尋常小学校。写真は昭和初期（出典：嘉麻市立宮野小学校「閉校記念誌」）

親としてこんな有難いことはない。十年あまり前の日露戦争ではこの村でも多くの若者たちが召集令状で引っぱりだされ、戦死していた。その親たちの、なげきを私の両親はよく知っていた。そして、私の中学校進学問題の起こっていた時点は大正四年の秋ごろのことであるから、その前の年に第一次世界大戦が勃発し、日本もこれに参戦して青島を占領したりした。

この前の日露戦争の時のように、若い者が次々に狩り出されて行っては、白骨になって帰ってくるというようなことにはなりそうでない気配ではあったけれども、とにかく戦争がはじまっており、世間の親たち、男の子を持つ親たちはひそかにわが子の上に最大の災厄がふりかかって来ないことを祈っていたにちがいない。

本家のお年寄りの中学校進学反対、師範学校への進学賛成というアドヴァイスに、この兵役のがれの配慮だあったかどうか分からないが、せがれや甥たちをみんな師範学校に入れたのには、そんな含みもあったにちがいない。(3)

このあと、「このようなことも諸君の経験にはないことだろうと思いますが、その頃の印象をもう少しお話ししてみます」と断りを入れながら梅根は、和光大学の新入生に対して以下のようにも語っている。

今、日本では、授業についてゆけない子供がたくさんでてきているというので大騒ぎをしておりますね。できる子供中心の授業で、また先生方が忙しいこともあり、つい、できない子供が放ったらかしになっているという状況らしいんですが、私どもの頃はそういうことはなく、私の受持ちの先生は毎日五、六人を残して、その日のできなかったところをやり直させておりました。先生がたまに出張だったりすると「梅根君、お前少し手伝え」といわれて、残されている子供の勉強を見てやるという手伝いをさせられました。

ある日、私がそのお手伝いのすんだあと、うち

(3)「何を学び、何をなすか――いま、必要なものを求めて――」(『人間に不可欠なもの　私は何を学んだか――何を信じ、何をなすか』大河内一男他、青春新書、一九六七年、一三〇～一三一ページ。

戦前の宮野尋常小学校での学校農園作業（出典：嘉麻市立宮野小学校「閉校記念誌」）

に帰るべくひとり道を歩いていると、後ろで自転車の音がしました。急いで道の端によけますと、自転車には受持ちの先生が乗っておられました。その頃、村には自転車が二、三台しかなかったのですが、その自転車で遠くから通っている先生が、ひょいと自転車から降りておっしゃるには「梅根君、きみは人を教えるのがうまいなあ、学校の先生になったらどうかなあ」というんですね。小学校六年生の時でしたか、その言葉が私の一生を支配しているといってもいいかもしれません。

自分は学校の先生に向いているらしい、とその時に感じた、それが私の生涯を支配していると思うのです。同時に、先生というのは大変な仕事なんだなあ、人の生涯を支配するようなところのある仕事なんだなあと、そののちしばらくして子供心におぼろげに感じたことも覚えております。

そのことは今でも忘れられない小学校時代の思い出です。これは人を教えるのが上手だとか下手だとかいうことではなく、先生と子供の関係についてのひとつの真実を物語っているのかもしれない。いい教師にめぐりあうということは、これは偶然が伴いますから、めぐりあおうと思っても簡単にめぐりあえるものではありません。

諸君はせっかくこの大学に入学されたのですから、この大学の百人近くもおられる先生方の中からひとりでもいいから、自分の好きな教師、いい教師をみつけて、その教師からいろいろの感化を受けるということが望ましいと、私は考えます。たったひとりでもいいからそのような教師を捜すことが諸君のこれからの仕事のひとつだろうと思っております。（一九七六年四月、和光大学の新入生に語った学長講話「私の生いたちから」一八六〜一八七ページ）

別の機会に梅根は、この思い出に触れて筆者に次のように語ったことがある。改めて、教師の社会的な役割を想起する梅根の言葉を紹介しておきたい。

「私は今でも、このような行動的な経験とそれに関連して発せられる教師の示唆的な励ましの言葉が、人間の教育では決定的な意味をもつと考えており、それが私の教育学の中核的な考えであると言ってもいいほどである。この経験が、私の親戚や親たちの思惑や打算による進路決定を他律的・受身的なものにしないで、自律的・内面的なものにひるがえすことのできた根本の理由だったように思われる」

「教師の示唆的な励ましの言葉が、人間の教育では決定的な意味をもつ」という言葉、同じく教師という職業に携わってきた筆者も、この言葉には、改めて身の引き締まる思いがする。そんな想いが、一九五三（昭和二八）年に制定された宮野小学校の校歌にも表れているように感じてしまう。その校歌を以下に紹介するが、何と作曲者は黛敏郎（一九二九〜一九九七）であった。

宮野小学校　校歌

作詞　梅根　悟・作曲　黛　敏郎

一　筑紫路の　山の間あいに
展けたる　美し　この郷
天地の　恵豊に
人みなの　生命　美し
この生命　あい倚るところ
郷土の　幸を　拓かん

二　仰ぎ見る　馬見の　山に
雲白く　美し　この郷
たくましさ　力を享けて
生いたつや　若き友から
この力　あい倚るところ
同胞の　幸を　拓かん

三　嘉麻川の　源清く
水澤に　美し　この郷
うるわしき　心を　享けて
励みゆく　学びの　道よ
この心　あい倚るところ
邦々の　幸を　拓かん

一九一九（大正八）年四月、梅根は小倉師範学校に入学した。梅根にとって、「師範学校」の教育とはいったいどのようなものだったのだろうか。次章においてそれをたどっていくことにするが、まずは師範学校というものを簡単に説明しておこう。

師範学校とは、小学校・国民学校の教員養成学校のことであり、明治時代の初期、各県に少なくとも一校ずつ設立された。そして、明治後半期には人口の多い府県に二校以上が創設され、第二次世界大戦後の学制改革において学芸大学（学芸学部）・教育学部の母体となった学校のことである。

修了までの年限は、高等小学校卒業後四年（のちに五年）、中等教育課程（旧制中学校など）の修了者は一年（のちに二年）であった。ちな

校歌の原本を書く梅根（出典：閉校記念誌）

みに、最初の師範学校は、一八七二（明治五）年に公布された学制に基づき、東京都文京区にある湯島聖堂内に設立されている。これは、一八七一年に閉鎖された昌平坂学問所の一部を引き継ぐ形のものであった。

史跡湯島聖堂。階段を上り、杏壇門をくぐると大成殿（孔子廟）がある

第2章 教職への道
――二つの師範学校での学び

1 小倉師範学校

梅根が小倉師範に在学したのは一九一九（大正八）年の四月から一九二三（大正一二）年の三月までだったが、この間の日本では、国内外に政治、経済、文化、教育のすべての分野において重要な変動が起こっている。

たとえば、梅根が生活していた北九州の八幡製鉄所では一九二〇年二月に職工二万三〇〇〇人（歴史学研究会編『日本史年表』より）のストライキが起こっているし、東京では七万五〇〇〇人の普選大示威運動が行われたほか、同年五月には日本最初のメーデーが上野公園で行われた。

教育の分野では、原敬《はらたかし》（一八五六〜一九二一）内閣が出した義務教育費の削減案に対し、澤柳政太郎（一八六五〜一九二七）や下中弥三郎（一八七八〜一九六一）ら二一名の指導的教育者たちが「教育擁護同盟」を組織して（一九二一年三月）政府案を撤回させている。また、教育改革運動も各地で起こり、教員の政治意識も高まった。さらに、一九二三年九月一日には、あの関東大震災が起こっている。

しかし、この時期の梅根は、こうした運動に関心を深めたり、接点をもたなかったようだ。梅根は次のように書いている。

小倉での四年間、私は師範学校の寄宿舎にかん詰にされて、その塀の外で行なわれているこのような近代社会の生活から、全く遮断された生活をさせられた。大工場の立ち並ぶ都市に住みながら、それらの内部をのぞいてみたことは、一度もない。卒業まぎわに一、二の工場見学につれて行ってもらっただけである。労働者のストライキも近くで起っているのに、遠い世界の出来ごとのように、新聞で読むだけだった。

私が小倉に来るまでの十五年間に、田舎で育つ間に経験してきたことが、一種の生活教育といえるなら、私の生活教育は、ここで断絶した。（『ある教育者の遍歴』誠文堂新光社、一九六六年、一三〜一四ページ）

明治初期からの日本の師範学校は、森有礼《もりありのり》（一八四七～一八八九）が文部大臣時代に制定した「師範学校令」（一八七二年）によって規制された、厳しい管理による寄宿舎生活が基本となっており、一般的には軍隊の「兵営」に準じた生活が要求されていた。ただ、一九〇一（明治三四）年につくられた小倉師範学校はいくらか異なり、明治初期に各府県に一校ずつつくった古い師範学校を、いわば内側から改革しようとする運動の成果もあって、比較的リベラルな雰囲気をつくり出していた。

小倉師範学校は、姫路師範学校の校長であった野口援太郎（一八六八～一九四一）が掲げた自由主義的教育の影響を受けていたようで、全寮制ではあったものの家族的な雰囲気で、比較的リベラルな生活ができたという。それはまさに、大正デモクラシーの歴史的潮流が小倉師範学校に及んでいたことの証だった、と言ってもよいだろう。

小倉師範学校で梅根は、歴史と国語の先生（末岡作太郎と中村亀蔵）から強く影響を受けたと語っている。

「末岡先生のヒントで古代の奈良から太宰府までの大路、今の国道一号線、それの小倉あたりから先の方に少しわかっていないところがあるというので、実地踏査をやっていろいろ調べましたね。ぼくはその頃、歴史地理学会の会員にもなっていたから」（『教育研究五十年の歩み』講談社、一九七三年、四七ページ）

国語の中村先生には、試験の代わりにレポートで何か中世文学のものを一つ読んで感想を書けと言われたのをきっかけに、「鎌倉室町時代文学史之研究」と題する四〇〇字詰め原稿用紙で二〇〇枚ものレポートを書き上げて、ほめられたこともあるという。

小倉師範学校時代の梅根にとっては、もう一つ、忘れることのできないことがあった。それは、附属小学校で教育実習をしたとき、奈良女子高等師範学校の附属小学校を中心にすすめられ、全国的にも注目されていた教育改革運動の「奈良の学習」に出合ったことである。運動の指導者は附属小学校の主事であった木下竹次（一八七二〜一九四六）であり、その主著『学習原論』（一九二三年）は当時の教育界でベストセラーとなっていた。

明治以降の日本学校の教育史を振り返ると、梅根が小倉師範学校に在学していた時代は、いわゆる「大正自由教育運動」のピークであり、改革への動きがもっとも活発で活気に満ちていた時期でもあり、その影響は当然小倉師範学校にも及んでいた。師範学校での教育学の講義内容には反映されていなかったが、教育実習の現場で梅根はこの木下理論を知った。

木下は自らの教育理論を「学習一元論」と名づけ、次のように説いていた。

「多くの教育学は教授・訓練・養護とわけて研究するが、その区分が甚だ明瞭でない。その研究も教授に偏し、実際の教育状態を見ても毎時の仕事は殆ど知識・技能の習得である教授である。教育法令もその規定するところは殆ど教授に限られている。訓練養護の必要を絶叫しても研究も実行も共に貧弱である。学習法は此の如き区分を立てない。いずれの学習もその主調は異なっていてもその内容は異なっていても、目指すところは全人格の発展である」（木下竹次『学習問題の解決』東洋図書株式会社、一九二七年、三八ページ）

このような木下の主張に梅根は共鳴した。そして彼が、単に理論だけでなく、自らの学校を舞台として「学習」の形態とカリキュラムの改造に向けて実践的な取り組みをはじめていることにも注目し続けていった。

しかし、梅根がのちに専門とする教育史については、三年生の授業でコメニウス（Johannes Amos Comenius, 1592~1670）やルソー（Jean-Jacques Rousseau, 1712~1778）、ペスタロッチ（Johann Heinrich Pestalozzi, 1746~1827）などの教育思想家の存在を知り、学校の図書室で三浦関造訳の『人生教育エミール』（隆文館、一九一八年）や内山賢次訳の『エミール教育論』（ルーソー、洛陽堂、一九二二年）があるのを見つけて、「のぞき読み」的に読んでみた記憶がある、と述べている[1]。

（1）「エミール」と私について。『ルソー「エミール」入門』梅根悟、明治図書、一九七一年、二三七ページ。

2 東京高等師範学校へ

一九二三（大正一二）年、一九歳の春、梅根は小倉師範学校を卒業してすぐに上京し、東京高等師範学校（以下、東京高師）に入学した。師範学校が小学校の教員養成を目的とする学校であったのに対して、高等師範学校は中等学校以上、つまり師範学校・中学校・高等女学校の男子教員を養成する旧制の国立学校である。

無口で何を考えている人かと思っていた本家のおじいさんが、「広島を跳ばして東京へ行け」と言ってくれたという。高等師範学校は、当時、広島と東京にしかなかったが、なぜか広島を飛ばして東京へと言われた。

東京高師の入学式当日のことを、梅根はのちのちまで鮮やかに覚えていた。なぜなら、彼が新入生の総代として校長の前へ進み出て、入学の宣誓文を読んだという経験をしたからである。その校長とは、「柔道の父」とか「名校長」と言われた嘉納治五郎（一八六〇〜一九三八）の後を引き継いだ三宅米吉（一八六〇〜一九二九）であった。

「私などがそれまでに見たこともない、金色燦然たる大礼服を身につけた白髪の貴公子三宅米吉が立っていた。私はその三宅の前まで進み出て、新入生総代としての宣誓のことばを述べる手は

ずになっていた。田舎からぽっと出てきた私にとってそれは足のガクガクするような大へんな役目だった」(2)

あとになって分かったことだが、梅根がそのような大役に選ばれたのは、彼が「文科第一類」に属し、その五十音順の名簿のトップに名前が掲載されていたからだった。高等師範学校の専攻コースは文科と理科に分かれ、文科は「修身・教育・歴史」を中心とする一部から四部まであった。新入生の総代は年度ごとに「回りもち」とされていたが、その年度は文科第一類から出すことになっていたという。梅根の「ウ」は、その名簿で先頭だったのだ。

(2)　梅根悟「三宅米吉と教育学」『教育断想　歴史に生きる』あゆみ出版、一九八二年、一二〇～一二一ページ。他に、梅根悟監修『世界教育学選集 (79) 三宅米吉』森田俊男編、明治図書、一九七四年、二三三ページ。

東京文理科大学と校地を共有していた東京高等師範学校の正門（昭和初期。東京教育大学新聞会 OB 会の HP より）

さて、授業がはじまると、入学式のときとはまったく違う歴史学者三宅米吉と出会うことになった。

教壇の上に考古学的発掘品をあれこれ並べて、考古学なんか何も知らず、天孫降臨から初まる国定教科書的日本史を教えられてきた師範学校の卒業生のどぎもを抜くものであった。三宅は男根の形をした石造の遺物を手にして、「これは何だ」と学生にきいた。学生が面くらってだまっていると、「マラだマラだ」と三宅は言った。あの白皙白髪《はくせきはくはつ》の老紳士が、教壇でニヤニヤ笑いながら、マラだマラだと言ったことばがわすれられない。三宅というのはそんな教師だったのである。（梅根悟監修『世界教育学選集(79)三宅米吉』森田俊男編、明治図書、一九七四年、二三四ページ）

三宅教授について次に印象的だったことは、日本の国のなりたちに関する「紀年」問題だった。梅根が東京高師に入学した一九二三年という年は、「大日本帝国憲法」の成立（一八八九年）と「教育勅語」の発布（一八九〇年）からおよそ四半世紀を経た時期である。「教育勅語」では、日本国の成立は「皇祖皇宗」の聖業であり、「万世一系」の皇室を中心とした歴史こそが揺るぎなき歴史真実である、と説明されていた。

梅根も、小学校のときから師範学校まで、そのことについて疑うことはなかった。しかし、三宅教授の「日本史」の講義ではそうでないことが説かれていたのだ。

> 日本の紀年、つまり世紀前六六〇年（辛酉の年）を「神武天皇即位」の年とし、日本紀元元年とする日本書紀の紀元法がいかにでたらめなものであるかを、那珂通世博士の説を承けつつことこまかに立証した講義であった。（中略）
>
> 三宅はこの日本紀元法のでたらめさ、虚構性を科学的に摘発した那珂の親友であり、その支持者グループの有力な一人だったから、その講義は熱のこもったものであったし、私自身にとっては、過去の師範学校では、教師自身は知ってはいただろうが、教えることはタブーであり、したがって私自身全く知らなかった事実で、私にとって、全く驚天動地の驚きであり、学問というものが何であるかを痛烈に学ばせられた経験であった。（前掲書、一三四ページ）

東京高師に在学中の梅根は、歴史学の教授としての三宅米吉から、さらには教育者としての三宅米吉の魅力を感じたはずなのに、ここに述べた直接的な接点以上の関係はなかった。梅根が東京高師を卒業し、三年間の岡山師範学校における教師生活を経て東京に戻り、東京文理科大学教育学科に入学した直後、初代学長になった三宅米吉が病没してしまっている。

「私に歴史学の手引きをしたのは三宅教授だったし、その後私が、教育史という、歴史学であって教育学であるような学問を自分のしごととしたのには三宅の感化が大きかったと思っている。しかもその三宅が実は単なる歴史学者ではなく、かつてはすぐれた教育学者、教育史学者だったのである」(前掲書、一二三五ページ)

このように述べる梅根だが、そのことを詳しく知ったのは、一九二九年一〇月(死去の一か月前)、三宅の古稀を祝って発刊された祝賀の記念誌や『三宅米吉著述集』を読んでからだった。三宅米吉が、「その後自分の専攻分野とする教育史における開拓者でもあったという事実は驚異でもあり、歓喜でもあった」(3)と、後年、梅根は述べている。

3 山田盛太郎――マルクス主義との出合い

前節では三宅米吉との出会いについて述べたわけだが、実は東京高師時代、梅根に強烈な印象を与え、のちのちまで研究に深く影響を与えた教師がもう一人存在している。当時、気鋭のマルクス主義者であり、若き経済学者の山田盛太郎(一八九七～一九八〇)である。

東京高師の一、二年生のときに山田の講義を聴き、マルクス主義に目覚めて惹きつけられ、ドイツ語の勉強に精出しつつマルクス（Karl Heinrich Marx, 1818～1883）の著作を原書で読みあさった。もちろん、『資本論』も読んでいる。マルクス主義を学んだことを切っ掛けにして、ソビエト・ロシアについての関心が急激に高まった。

そして、三年生になった四月からは、『エミール』を読むために東京外国語学校の第二部（夜間部）フランス語科に入学し、二年間在学した。

フランス語が読めるようになると、フランス語でソビエト・ロシアの作品を次々と読んでいった。その当時のことを梅根が語りはじめると、止まらなくなるぐらい雄弁になった。

トルストイの日記（Journal Intime）なんかおもしろかったなあ。トルストイについては、つづいて、例のヤスナヤ・ポリヤーナ学校のを書いた「国民教育論」が読みたくてさがしたが神田の古本屋ではみつからない。それで上野の図書館に行ったらあったんで、それで読んだ。ヤスナヤ・ポリヤーナ学校には以来ずっと関心をもっていて、それで一九六〇年代にソビエトに行った時に、たのみこんでそこに行かせてもらったんです。それからゴーリキーのものがすきで、あれこれ読みましたね。小説ではなくてたとえば「わが少年時代」（Ma vie d'enfanto）「獄

（3）　森田俊男編『三宅米吉教育論集』（明治図書出版、一九七四年）の最後、梅根による「解説」から。

中記」(En Prison)「パンをかせぎつつ」(En gagnant mon pain) など、それから同じゴーリキーの「レーニンとロシア農民」(Lenina et paysant russe, 1924) という本を見つけましてね。それがでたのがレーニンが死んで間もなくの頃なんですよ。ぼくはその本を丸善で見つけて買ったのよ。何せゴーリキーの著作で「レーニンとロシア農民」という題だから魅力的でしょ。だから中もろくすっぽ見ないでいきなり買ったんです。それで買って帰ってあけてみたら、それは一冊の本ではなくて、ゴーリキーの死んだ直後にレーニンに対する追悼の文を書いたのが一つと、それと全く別に「ロシア農民」という題で書いたゴーリキーのエッセーがあって、その二つのものを一冊にした本でしたけど、そんなものを読んだりして。この本はゴーリキーとレーニンの友情、ゴーリキーのレーニン観も感動的でしたがロシア農民に関する考察もおもしろかった。そんなことでレーニンとゴーリキーに関心をもつようになりましたね。丸善で、これはドイツ語訳ですが「レーニンのゴーリキーへの手紙」(Lenin, Briefe an Gorki, 1924) という本をこれも丸善でみつけて読んだのもその頃です。(『教育研究五十年』九八〜九九ページ)

こうしたソビエト・ロシアへの関心が、ソビエト・ロシアの教育改革、カリキュラム研究として実を結ぶのは、第3章の岡山師範学校の教師時代になってからだった。

第3章 教育実践現場における教育研究

1 初めての教師生活

一九二七年三月、東京高等師範学校を卒業した梅根は、四月から岡山師範学校（現・岡山大学）の教諭となった。師範学校の卒業生は、制度的に教職に就く義務があった。岡山なら「郷里にも近い。まあ、ここならいいだろう」と、思ったようだ。郷里の宮野村では、「悟さんはつい先ごろ小倉の師範学校へ入ったばかりなのに、今度は岡山の師範学校の先生になったそうだ」とみんなが驚き、誇らし気に噂をしたという。村には、このような先例がなかったのだ。

赴任する直前、梅根は東京・日本橋の書店「丸善」に行き、アメリカの教育哲学者、社会思想家のJ・デューイ（John Dewey, 1859～1952）の著作や、のちに紹介するスコット・ニアリング（Scott Nearing, 1883～1983）のソビエト教育についての調査研究結果についての著作（四一ページ参照）、さらには岡山での研究・教育の構想を予想して東京高等師範学校時代に研究しはじめたルソーの著作などを購入している。もちろん、日本の教育学関係、実践に関する参考文献なども数冊購入してから岡山へ向かった。

担当する講義科目は教育学と教育史、それに教科教授法ということになっていたが、赴任してみると、そのほかに「専攻科」と「講習科」の学生への授業も受け持つことになっていた。

当時の岡山師範学校には、本科正教員の養成コースのほかに、卒業してからも三、四年さらに学び、教育研究を続けたいと希望する人たちのための「専攻科」と、現職の教員としての経験一〇年を経ているが、正規の資格

岡山時代、下宿先の書斎で。1928年頃（出典：『教育研究五十年の歩み』122ページ）

を取得するに至っていない先生たちのために、一年間、教育現場を離れて講習を受けるという「講習科」のコースがあった。

いずれも週二時間ずつ、合計四時間の授業を梅根は受け持った。講習科はもちろん、専攻科の学生もすべて、当時二三歳であった梅根より年長であった。

「岡山時代に、大正期の新教育運動なんかに、やや自覚的に関心をもって本も読み始めたのは、やっぱり講習科、専攻科の教師という役目と関連があって、まあそんなことでいろいろ談論や、話し合いをして、科外の講義で話し合うというようなことがかなりありましたね」（前掲『教育研究五十年のあゆみ』九四ページ）

このように述べる梅根の授業は、一方的な知識の詰め込みではなく、学生に問いを投げかけ、学生からの発言に耳を傾け、ともに考え合うことを大切にしたものだった。決して、いわゆる「名調子の講演」ではなく、「教えながら学び、学びながら教える」と言ってもよいものであった。

そこには、尊敬した恩師の三宅米吉から受けた影響が生きていたのかもしれない。また、岡山師範学校にはじまった授業のなかで否応なくつくられ、彼の教育者としての原則になっていったようにも思われる。

講習科の年長学生たちとの修学旅行では、年配者に混じって酒を飲んだほか、麻雀もそこで覚えた。だからだろう、彼らと梅根の付き合いは、岡山を離れたあともずっと続くことになった。

言うまでもなく、梅根の仕事はそれだけではなかった。岡山県は「教育県」とさえ言われるほど、かつての藩政時代から全県に教育・文化の歴史伝統の蓄積があり、「附属学校」一校のほかに複数の「代用附属小学校」を県内に設けて、そこでの教育を重視していた。

そんな環境のなか、梅根の教育者としての資質を見抜いた校長が、摂南小学校という代用附属小学校の主事代理というポストに就かせた。週に二回（二年目は週に一回）は摂南小学校に通い、先生方の授業を見学し、共同研究も行った。これらの経験は、のちに茨城師範、埼玉師範学校の附属小学校主事として活躍できる土台ともなり、教育学研究にとっても貴重な機会となった。

晩年に梅根は、教育学の入門書とも言える『教育の話』（ほるぷ出版、一九七四年）を著しているが、そこで、教育学を学ぶときの原則として「実践的関心」と「理論的関心」が必要であることを説いている。これも、岡山師範学校時代の教師生活から身につけた教師教育の原理だったと言える。

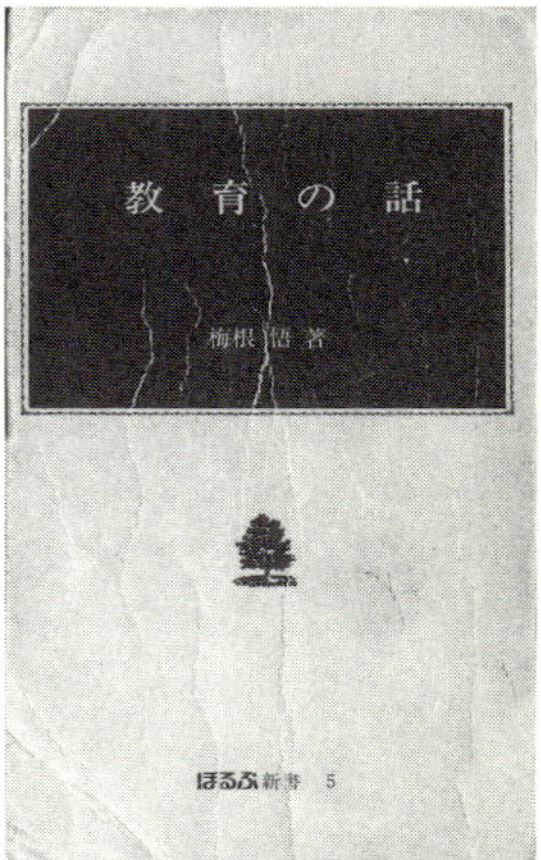

『教育の話』の表紙（和光大学附属梅根記念図書・情報館所蔵）

その三年間を、梅根は「私の青春時代だった」とも語っている。

「何しろ東京から岡山に来て、もう夜学に通わなくてもいいし、バイトの家庭教師もやらなくてもいいでしょ。だから一方では校長の能勢さん、教頭の江見さん、舎監長の松浦さんなどとしばしば料亭で酒を飲んだし、また若い仲間でマージャンもやったし、それでもりもり本を読み、原稿もいくらか書いたわけね。まあ忙しいといえば忙しかったわけだが、とにかくフルに生活していたわけね」（前掲『教育の話』一〇四ページ）

そんな梅根を見て、「梅根先生は、いったいどこでどのように勉強しているのだろう」という噂も広がったというが、実はその間、精力的に自ら定めた研究的課題、つまり「ロシアの教育の研究」に没頭していた。

2　「ロシアの教育現状」研究に没頭

梅根が岡山師範学校に赴任した一九二七年は、ロシア革命はもちろん、第一次世界大戦が終了してからすでに五年の歳月が経っていた。しかし、その間ずっと、ロシアの政治動向と教育改革についての梅根は注目していた。ソビエト連邦という新しい社会主義国家がどのような教育改革を展開していくのかという歴史学的な関心に基づくものであった。

> 第一次世界大戦は結果として世界史の上に新しいものを生んだ。その最大のものはソビエト連邦という社会主義国家の誕生である。そこまではゆかなくても、ドイツでは社会民主党が主導権をにぎって、ワイマール憲法ができ（一九一九年）、革新政党のリードのもとに政治が行われることになった。
>
> こうした状況のもとに、教育の世界で新しく生じてきた現象は、われわれがこれまで見てきたような、点々と、そこここに個々別々の新学校が、個人のイニシアチブで、パイオニア学校として生まれ、運動化して行く、といった動きとはちがって、中央政府が、あるいは地方政府がイニシアチブをとって、その管内のすべての学校を改革するという動きである。それにいわば「新教育」の運動が奏功してとうとう国をあげての制度になったということである。運動がついに政策になり、制度になった事例が立ち現われた。そのことが、この時期の最大の、世界教育史的特徴であるといっていい。（『世界教育史大系23　初等教育史』二五〇ページ）

これが、梅根のロシア革命後の教育改革に対する歴史認識であった。

梅根はのちに、東京から岡山にかけての一年間はソビエト教育への没頭時代だったとも語っているが、赴任後一年も経たないうちに、岡山県教育会が編集・発行していた機関誌『備作教育』（一二月号、通巻二五六号）に「ロシアの教育現状」と題する論文を発表し、翌年の七月まで五回にわたって連載している。

梅根はまずロシア革命前にさかのぼり、ロシア農民における教育の実情を統計資料に基づいて明らかにした。それによると、一八八五年における全人口に対する子どもの就学率はわずか二・一パーセントであり、一九〇五年に至っても三・六パーセントにすぎなかった。

この種の数字をさらに裏付けるように、第一次世界大戦中のヨーロッパ各国の兵士のなかで、ロシアの兵士だけがいわゆる「文盲率」が著しく高かったこと、さらに、ロシア国民の大部分が地理、歴史、理科などの教科、および手工、図画、体操などの教科についてまったく教育を受けていないことを指摘した。また、そうした事実が、ロシアの子どもの豊かな発達の可能性を奪っているかについて、ゴーリキーの歎きと怒りを引き合いに出して次のように論じている。

西ヨーロッパの子どもたちは幼いときから到るところに自分らの先祖たちの営みのすぐれた遺産を目撃しながら育ってゆく。西ヨーロッパの全土は人間の組織化された意志――自然の力を人間の理性的な目的のために支配しようとする意志――の偉大な遺跡で覆われている。そこでは大地は人間の手中にあり、人間は大地の支配者である。西ヨーロッパの子どもたちはこの印象を吸収し、それはかれらに人間の価値、人間の労働の偉大さ、個人的人格の重要さの感情を教え込み、かくて労働の偉績と先人の業績を継承させてゆく。

だが、このような思想、このような感情、このような評価はロシア農民の魂の中には起こりようがない。藁葺き小屋のチラホラと散在している無限の平原は人の心を空虚にし、人の希望を枯渇させる毒素を含んでいる。農夫が村を出てこのはてしなき空漠の前に立つとき、彼はこの空漠が自分の魂の中に流れ込んで来るのを感ずる。どこを見渡してもまじめな努力と創造の永続的な遺産は見られない。（号数不明）

これが、革命前のロシア民衆の状態であった。革命を経たあとの教育改革について、こんなふうに記しているのだ。

改革の内容は、英語で言えば「コンプレックス・システム」を中心としたソビエトの革命直後から一九二〇年代の中頃までのソビエト教育状況を紹介したものだが、「コンプレックス・システム」について詳しく紹介したものとしては日本で最初のものであった。

コンプレックス・システムとは、近代における学校のあり方を「内側」から問い直す試みの一つであった。一九二三年、国家学術会議（略称グース）によって「教則」として定められたので「グース・プラン」とも呼ばれたが、それは、子どもたちの実生活とは無関係に教授される細切れの知識とその詰込み主義を改め、「労働」を中心に「自然と人間」と「社会」という三本の柱を立て、地域の実生活の見学や調査活動などを積極的に取り入れたカリキュラムに基づくものであった。

紹介の種本となったのは、一九二六年にニューヨークで出版され、岡山に赴任する前に東京の丸善で購入してきたニアリングの『ソビエト・ロシアの教育（Education in Societ Russia）』だった。この本は、ニアリングが、コンプレックス・システムが実施された二年目にソビエトに入り、二か月間をかけて教育状況を視察・調査し、まとめたものであるが、梅根はそれに加えて、日本の「南満洲鉄道調査部」による調査資料なども利用して先の記述を仕上げていった。

梅根は、革命後のロシアの現状をこのようにゴーリキーとレーニンの視座から認識し，他方ではこの国の未来に期待した。しかし、レーニン、ゴーリキーの時代は短期で、その後のソビエト・ロシアの政治体制は、レーニンの死後、いわゆるスターリン体制へ転換してしまった。コンプレックス・システムに代表された国際的「新教育」との関連も変らざるを得なかった。

その後の梅根の研究は、一九世紀末にはじまるコンプレックス・システムに続いて、ドイツの合科教授、アメリカのコア・カリキュラムの研究へとつながった。そして、第二次世界大戦後、日本でのコア・カリキュラム運動にもつながっていった。

3 学校改革とカリキュラム研究——梅根教育学の出発点

岡山時代にはじまった梅根のカリキュラム研究は、その後、二〇年間は途切れてしまった。しかし、ロシア革命後のカリキュラム改造を目指す運動とその遺産は、梅根のなかで戦後まで生きていた。その証は、一九四九年五月に上梓した著書『カリキュラム改造——その歴史的展開』(金子書房、一九四九年)によって明らかだった。「序文」に次のような記述がある。

この書物の原稿を綴りながら私は二十年前、私が東京高師を出て岡山師範で教員生活の第一歩を踏み出した頃に当時革命後の大規模な教育改革に前進しつつあったソ連の教育事情について、当時手に入る限りの資料を集めて綴ったリポートを土地の教育雑誌『備作教育』に掲載したことがあるのを思い出した。それは五回にわたって同誌上に発表したものであったが、捜し出して見つかったのはそのうちの三冊だけであった。

また、そのリポートに使ったその資料もその後の貧乏生活と転々とした移住の間に概ね散逸してしまってほとんど手許にない。私は当時自分がソ連のカリキュラム改革、いわゆるコンプレックス・システムに異常な興味を感じながらやたら資料をあさったことを思い出すが、それから数年の後にこのコンプレックスによる新カリキュラムはソ連当局の新教育政策に廃止の運命に会った。

また、ソ連のカリキュラム改革とほぼときを同じくして展開されたドイツの合科教授運動に対しても私は大きな関心を持ち、資料も集めてみた。だが、これもまた、ソ連と前後して停止の運命に会った。

このような梅根の論述に接すると、彼のコンプレックス・システムへの歴史的評価は単なる一外国のカリキュラム改革の一事例ではなく、日本の学校改革の未来に対する示唆的プランであった。

教育学者としての梅根の眼は、第一次世界大戦後の国際的な学校改革の動向に向けられており、コンプレックス・システムの改革構想の核心であった「自然」「社会」「労働」の三概念を含むカリキュラム構想、そこでこそ子どもが学習の主体として成長・発達を遂げていくとの確信が成り立ちつつあった、と思われる。

岡山師範学校で青年教師だった梅根は、もちろん、国内外における学校改革への動きに深い関心を寄せていた。高等師範学校時代にルソーの思想に共鳴し、マルクス主義とロシア文学の作品、とりわけ文豪トルストイとゴーリキーに魅きつけられ、レーニンの妻クルプスカヤがペスタロッチ研究者であることを知っていた。そのことも、ロシア教育について精力的な調査研究に打ち込む姿勢を支えた。

そして、一九世紀ロシアの学校教育がいかに教育本来の姿を失っているかということがトルストイやゴーリキーの文学作品によっても描かれており、同時に、ロシアの古い学校教育への批判は、単にロシアだけではなく、明治以降の日本の学校教育への批判にも通ずることが、梅根自身の体験や理論研究を通して感じ取られたからだった。

たとえば、トルストイが一九世紀ロシアの学校教育の現実を子どもたちの「魂がカタツムリのように自分の殻の中に隠れようとしている」と表現しているが、子どもたちの豊かな想像力や創造力や判断力の発達が押さえつけられている現実は、ほかならぬ日本の学校でも同じだと感じ取ったのであろう。

梅根自身の生活歴が物語るように、日本の農山村の子どもたちは働いていた。その労働のなかで、子どもたちは多くのことを学んでいた。働く父や母から、また野山に育つ植物や動物の成長から学習をしていた（一五ページの写真参照）。

しかし、日本の学校の現実に眼を向けると、授業は「学校令」という法令で決められ、国家道徳は国定教科書を使って「修身」という教科で教え込まれ、読み・書きの内容も単純な「教え込み」に終始し、小学校低学年では自然や人間社会に関する事実は教育の題材とはならず、無味乾燥な教材が教師による「一斉授業」で詰め込まれる――そのような学校教育の現実こそ教育研究の対象にされるべきだ、という問題意識が教育の仕事に携わる者に共有されるべきだと考えたのである。

それは、国際的なよび方こそ異なっても「カリキュラム」こそが実践に基づいて改造されるべきだ、という立場からの学校改革論だったのである。そのような現実を「過去」のものとする教育が、梅根の探求する新しい教育だった。

梅根は学生に対して、「教育学という学問に求められるのは、教育についての現実への関心と教育についての理論的関心の両方である」ことを説いた。そして、自らもより深く根本的に教育理論と思想の研究に改めて本腰を入れて取り組みたいという意欲が湧いてきた。

学問を続けることについて、姉の夫に相談している。彼に嫁いだ梅根の姉はすでに亡くなっていたが、義兄は梅根の父大吉の世話もあって、一人前の商人にもなることができた。だから、在学中の生活費一切は面倒を見ると言ってくれていた。これにより心配もなくなり、家族とともに東京に出て、東京文理科大学で学ぶことになった。

一九三〇年三月、岡山での教師生活に別れを告げた梅根は、妻杉本春子と長男栄一とを連れて上京し、東京文理科大学の学生として入学した。本格的に、教育学者としての道が拓かれることになったわけである。

ところで、東京文理科大学とはどんな大学であったのだろうか。次章へと進む前に、簡単に説明をしておこう。

一九二九（昭和四）年、東京市小石川区（現在の文京区）に設立された旧制の官立大学である。略称として、「東京文理大」とも呼ばれていた。東京高等師範学校の「専攻科」を改組して発足した大学であり、同様の経緯で発足した広島文理科大学（広島高等師範学校専攻科が母体）とともに「二文理大」として知られていた。

戦後の学制改革により、一九五〇年五月に新制東京教育大学が発足すると、東京高等師範学校とともに同大学に包括されて文学部、理学部などの構成母体となり、一九六二年に廃止された。その後、東京教育大学は筑波大学へと改組され、現在に至っている。ちなみに、筑波大学大塚地区キャンパスは、かつての東京文理科大学（および東京教育大学）の跡地である。

筑波大学大塚地区キャンパスの門

第４章　梅根が東京文理科大学で学んだこと

1　十条組の仲間たちとの協働

東京文理科大学は、梅根が入学する一年前の一九二九（昭和四）年四月、東京高等師範学校を母体とした内部からの「昇格運動」により、広島文理科大学と同時に誕生していた。三年間の岡山師範学校での教師生活に区切りをつけた梅根は、東京文理科大学の教育学科へ入学して新しい生活をはじめることになった。二六歳だった。

義兄のおかげで生活費の心配がなくなり、家庭教師を二口やったが、そこからの収入はすべて書籍代にあて、研究と著作に専念する四年間を送ることになった。

梅根にとって幸いだったのは、「生涯の師」となった篠原助市（一八七六〜一九五七）が、創立と同時に東北帝国大学教授から東京文理大に転任してきていたこと、さらに、一年先に入学していた東京高師時代の友人たちが彼の入学を心待ちにしていてくれたことだった。

その多くが板橋区十条に暮らしていたことから、やがて「十条組」と呼ばれることになった彼らは、すでにそれぞれ自分の研究テーマをもっていた。倉沢剛《たかし》（一九〇三〜一九八六）は、ケルシェンシュタイナー（Georg Michael Kerschensteiner, 1854〜1932）を追いかけながらその公民教育的な側面に焦点を当て、小宮山倭《こみやまやまと》（一九〇四〜一九八八）はアメリカの職業教育制度を、海後勝雄《かいごかつお》（一九〇五〜一九七二）は教育方法論の改革を志して教育技術論を手がけていた。梅根も同じ教育方法論研究だったが、彼はその理論的な源流を探し求めて、コメニウス、ルソー、ペスタロッチを研究の対象に定めていた。互いに調べたことを報告し合い、疑問をもち寄って意見交

当時もにぎやかだったと思われる十条商店街

換をしていった。また、東京大学の教育学研究室が発行していた〈教育思潮研究〉に対抗して月刊誌〈教育学研究〉を創刊し、研究成果をこの誌に発表もした。これが、のちの日本教育学会の機関誌になって続いていくこととなった。

　梅根は、〈教育学研究〉の二号にケルシェンシュタイナーについての関係文献を、六号にはケルシェンシュタイナーについての論文を書き、これらはのちに『労作教育新論』（成美堂、一九三三年）として刊行されている。

　ケルシェンシュタイナーはミュンヘン市の視学官（日本でいえば、現在の指導主事）を務め、すべての高等小学校で男の子には工作、女の子には料理をさせるという改革をした人だが、それは実業科目として工作をやらせたり、家庭の主婦として必要な料理を教えるというのではなく、技術を通して科学の教育を行おうという考え方だった。

　子どものための科学教育は技術教育と不可分という考え方はケルシェンシュタイナーから学んだものであったが、大工の倅として育った梅根の幼いころからの体験と、そこで身につけてきたものが深いところでつながっていたと言える。

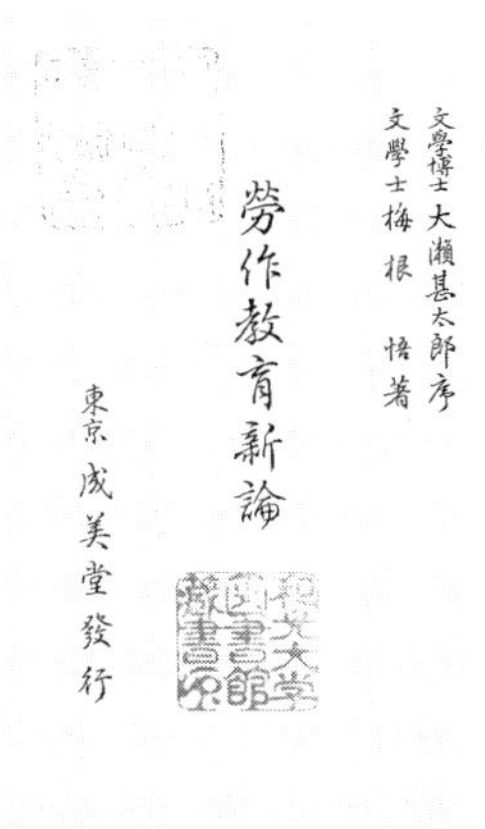

『労作教育新論』の扉（和光大学附属梅根記念図書・情報館所蔵）

2　梅根が書いた卒業論文

本腰を入れて教育学の研究をすべく東京文理科大学に入学した梅根であるが、すでにその時点で卒業論文の構想がほぼできていたというから驚きである。高等師範学校時代から手がけてきたルソー研究を深めるとともに、それを前後に広げて、新教育思想の発展史について書こうと考えていたようだ。

最終的に梅根が仕上げた論文の主題は「近世教育思想史における自然概念および合自然原理の発展」であり、副題として「コメニウス、ルソー、ペスタロッチ」の三人の名前が付されている。「前近代」の教育は、いずれの国においても「自然」に反しており、子どもたちを型にはめ、個性を歪めるものだったことはよく知られている。そうした不自然な教育方法を自然なものへと改めていこうという考え方の歴史を、一七世紀を生きたコメニウスと、一八世紀のルソーとペスタロッチという三人の大物を選び、それぞれが「自然」をどのようにとらえていたのか、教育において大切にされるべき自然とは何か、教育の方法として自然なるものとは何かを、三人の違いとつながりを明らかにすべく取り組んだ厖大な論文であった。

興味ある方は梅根の著書『教育史学の探求』（講談社、一九六六年）で読んでいただきたいところだが、最初に読んだのは、もちろん指導教官であった篠原助市であろう。読み終えた篠原は深く感動し、「まえがき」でも紹介したように、「梅根の前に梅根なく、梅根の後にも梅根なし」と絶賛したという「伝説」がある。

おそらく、間違いではあるまい。この伝説は、筆者が東京文理科大学の最後の卒業生となった一九五八年に至るまで否定されることがなかった。

篠原という偉大な教育学者をして、これほど高い評価をなさしめたものは何だったのだろうか。勝手な推測ではあるが、対象を三人に絞り込みつつもラブレー（François Rabelais, 1483?～1553）、ラトケ（Johann Wolfgang Ratke, 1571～1635）、さらにはバセドウ（Johann Bernhard Basedow, 1724～1790）、ザルツマン（Christian Gotthilf Salzmann, 1744～1811）、シャフツベリー（Anthony Ashley Cooper, 3rd Earl of Shaftesbury, 1671～1713）、ディドロ（Denis Diderot, 1713～1784）など多くの思想家たちの自然概念を研究し、そうした大きな流れのなかに、三人の考えたことを位置づけて考えようとしたところにあったのではないかと筆者は思っている。

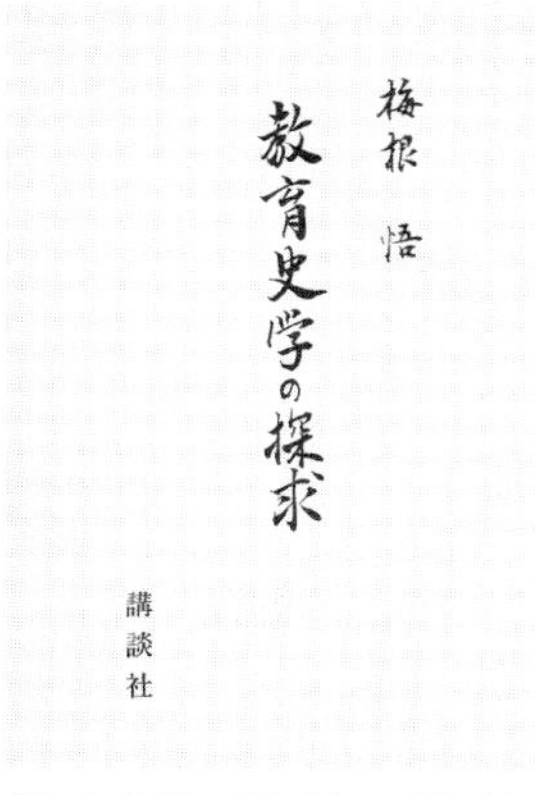

『教育史学の探求』の扉（和光大学附属梅根記念図書・情報館所蔵）

このように丁寧に進めた研究でありながら、あるいは「だからこそ」と言っていいのか、結語として書いていることは、以下のように三人を礼《らい》賛《さん》するのではなく、今後の課題を冷静に見据えたものとなっている。

唯吾人がコメニウス、ルソー、ペスタロッチの三人の合自然主義教育説を検討吟味した後でここにいい得ることは、少くともこの三人の思想家に於ては陶冶における主観と客観との関係は一種の予定調和として合致し得るもの或は合致せるものと信ぜられ、そこには両者の緊張関係による弁証法的陶冶過程の見解は見ることができないということ、彼等は未だ本来の意味における個性的教育学に達し得なかったということ、並びにそこには民族社会の文化史的伝統の教育的意義に関する洞察が欠けているということのみである。(『教育史学の探求』講談社、一九六六年、一九九〜二〇〇ページ)

当然のことだが、最後には論文を書くにあたって「座右に備えて、多少とも直接参考にした文献」を紹介しているが、そこには、コメニウスの著書(一四冊)、コメニウスに関する論文・著書などが二五、ルソーの著書(四冊)、ルソーに関する論文・著書が一四、ペスタロッチの著書(四冊)、ペスタロッチに関する論文・著書などが一八挙げられ、その他の参考文献として「イ同時代諸家の著書(六冊)、ロその他一五冊」となっている。

筑波大学にある「コメニウス文庫」

以上はすべてイギリス、ドイツ、チェコ、フランス、オーストリアなどヨーロッパ諸国で出版されたものであり、日本人によるものはない。梅根の卒論が、いかに開拓者的、独創的であったかは、この一事をもってしても理解できるだろう。

なお、「まえがき」でも述べたように、コメニウス関係のものは、現在筑波大学の「コメニウス文庫」として残され、貴重な遺産となっているので、現在、コメニウスについて研究している人はぜひ訪れて欲しい。

第５章　教育現場に身を置いての教育学研究

1　二つの附属小学校主事

一九三三（昭和八）年、東京文理科大学を卒業したとき、梅根はこの大学に残って研究生活を続けたいと願っていたが、ポストはすでにふさがっており、無職のまま新学期を迎えることになった。

五月、茨城県立師範学校附属小学校の主事に空きが出たが、どうかという話が来た。かねてから「教育方法の改革」に関心をもっていたし、東京文理科大学に残れないとしたら、附属小学校の主事は魅力的な仕事だった。それに茨城は、伝統的な教育を革新すべく千葉師範附属小学校の主事として奮闘した手塚岸衛《てづかきしえ》（一八八〇～一九三六）の影響を大きく受け、自由主義的な雰囲気も相当に残っている地域であった。

二九歳の若さで奏任官《そうにんかん》(1)、給与も年俸一七〇〇円と、当時としては破格といってもいいほどの高額ということもあり、張り切って赴任した。

最初のうちは、「何だ、この若造は」という感じで、先生たちからはまともに向きあってはもらえなかったが、たまたま水戸女子師範学校の附属小学校の先生のなかに『教育学研究』や『教育学術界』などを読んでいる熱心な先生がいて、梅根の名前を知っていた。「茨城師範に今度えらい人が来たらしい、一度話を聞かせてもらおう」とその先生が呼びかけ、梅根を囲んでの読書会がはじまった。

最初のテキストは篠原助市の『理論的教育学』（協同出版、一九二九年）、それが茨城師範附小の先生たちにも知られることになり、男女両師範共同の読書会へと大きく発展していった。

主事として取り組んだことの一つは、カリキュラムと時間割の改革だった。一週間単位でカリキュラムを組み、ある程度集中的な学習をさせようと思った。月曜日の朝礼は短時間で終え、一時間目は、子どもたちと先生が相談しながら各クラスでその週の学習計画を立て、週末の土曜日には、理科で調べたことや工作の時間に作った作品を発表しあうなど、毎週の授業を時間割通りのタイムスケジュールではなくダイナミックなものになり、カリキュラムも教科カリキュラムからの脱出を狙ったものであった。

そんなやり方が批判されたわけではなく、先生たちも熱心に取り組んだが、校長との関係がうまくいかず主事を辞めさせられ、国民精神文化研究所に半年間研修という名目で送り込まれた。そんなところに、埼玉師範学校の附属小学校主事の話がもち込まれ、一九三六（昭和一一）年一〇月に喜んで転任した。

転任早々、前任者の急逝があったりして遅れてしまったが、その年の一二月初めに文部省（現・文部科学省）に出掛けて、篠原助市に会って転任の挨拶をしている。当時、篠原は東京文理科大学教授であったが、文部省教育調査部長でもあり、「教育の機会均等」を基本方針とした教育制度改革に情熱を注いでいた。

篠原はいろいろと改革についての抱負を語るとともに、埼玉の附属小学校を教育調査部の実験学校に指定して、低学年の総合教授をはじめとして、いま調査部で考えていることを実験的に試行してもらいたいと思うがどうだろう、と相談してきた。

（1）戦後の新憲法の下では、国の職員はすべて国家公務員だが、戦前の明治憲法下では、任命のされ方によって親任官、勅任官、奏任官、判任官と、身分的区分がつけられており、親任官、勅任官、および奏任官は高等官とされた。内閣総理大臣が、天皇の裁可を得て任命する形式を採っていた。

「そりゃいいですね。ぜひ、やってみましょう」と返事した梅根は、帰ってすぐ附属小学校の幹部教員たちを集め、「どうですか、やってみようじゃありませんか」ともちかけた。みんなも、それはいい話だと大賛成で盛り上がっているところに本校から電話が入り、話を中断して校長室に行くと、突然、一枚の辞令らしい紙片を渡された。開いてみると、何とそれが「附属小学校主事を免ず」という県知事からの免職辞令だった。

びっくりして、「こりゃどういうことですか？」と尋ねると、校長は君に相談したんじゃ断わられると思ったので、やむを得ず独断で事を運んだのだが、突然亡くなった埼玉師範学校の教頭の代わりを君にやってもらいたい、ということだった。

附属小学校の主事になって二か月で本校・埼玉師範学校の教頭職に回され、文部省の実験学校という話も立ち消えになってしまった。さらに、校長の下働きばかりをやらされるという教頭職はさっぱりおもしろくなかった。

もっとも、篠原助市も半年後には文部省を去る破目になってしまったのだが、篠原の教育改革に寄せていた情熱がなみなみならぬものであった一つの証左と言っていいだろう、と梅根は書いている。(2)

一九三八（昭和一三）年四月、今度は埼玉県立本庄中学の校長に任ぜられた。当時、埼玉県には、浦和に県立第一中学校、熊谷に第二、川越に第三、不動岡に第四、春日部に第五、本庄に第六と中学校があり、本庄中学校は群馬県境にある田舎のもっとも小さな中学校で、序列も一番下だったが、迷いはまったくなく、張り切って赴任した。三四歳という若い校長の誕生である。

2　埼玉県立本庄中学校長の三年間

新しい校長は若いうえに「学者としても優れた人」という評判が広がり、期待と緊張という状況のなか迎えられた。当時、四年生として在学中だった哲学者の中村秀吉（一九二二〜一九八六）は、ありし日の梅根校長の姿を次のように描いている。

「前任者の金子道啓校長が胸を突き出して小柄な身体をカバーするような、いばった姿とは対照的な、屈託のない、軽快なものであった。革靴のうしろ半分を底だけ残して断ち切った自家製スリッパが、壇に登るときバタバタと大きな音を出したのが妙に印象に残っている」（「中学校時代の梅根先生」〈生活教育〉一九八一年一月、追悼臨時増刊号）

（2）『批判的教育学の問題』の「解説」、二七二〜二七三ページ

当時、本庄中学校の教師であった須藤多市も、「本庄中学校長としての梅根先生の想い出」と題する文章を書いている。

「教育学者の梅根校長が何をやられるかは吾々教員の期待でもあったし不安でもあった。

梅根校長転任後の間もない頃、作業部長の私は、校長室へ呼びつけられた。多年にわたる職員生徒の血と汗の結晶であるコンクリートの労苦がほめられるのではないかと内心わくわくとしていたところ、『君！　こんな硬い物の中で青少年が育てられると思うか、青年はもっとソフトな雰囲気の中で教育すべきものだ、明日からあのコンクリートを打ち壊して緑の芝生をつくり給え』という命令である。昨日まで青少年教育の理想など全く考えずに、只々忠君愛国のつもりでコンクリートを練っていた吾々は、早速スコップをハンマーに持ち替えて、職員生徒総がかりで、僅か三ヶ月の間に、見事な芝生をつくりあげたのである」（前掲誌）

本庄中学校長時代の梅根・38歳（写真提供：梅根典子氏）

このエピソードは、梅根の教育思想を知る人なら当然のことと思うだろう。教育史における

「自然」主義は、梅根の東京文理科大学時代からの基本概念であった。彼は生涯を通して「人工」よりも「自然」を愛好したのだった。

しかし、前年（一九三七年）の七月にはすでに日中戦争がはじまっており、教育に対する軍部からの要請は強まり、臨戦体制的教育の時代に入っていた。須藤はこうも書いている。

「梅根校長三年間のうち、最も印象的であったものは、本庄軽井沢間六十四キロの剛健行軍競争であり、四十年経った今でも、当時の職員や生徒の語りぐさになっている。これは一九三九（昭和十四）年五月二十二日に、青少年学徒に対し、質実剛健であれとの勅語が下ったので、これを記念するための年中行事であった。思うに、生徒に自己の可能性の限度を知らせようとする意図であったのである」（前掲誌）

深夜一二時に校門を出発、本庄、軽井沢間の剛健行軍、配属将校と教練の教師と梅根の三人が先頭に立って歩いた。梅根自身はこの件に関して、「ぼくは配属将校や教練の教師とは割合に近付きになっていましてね、あまり敵視しないで、割合に親しくしていた。人間的にね。酒飲んだり、ひやかしたりしていたからね。ぼくは行軍なんかのとき先頭に立って、行軍が終わって帰ってきた翌日は、教練の教師を引っぱりだして、校長宅に呼んで酒飲まして」と書いている。

校長だった梅根はもちろん教育勅語も読んだ。生徒たちは勤労奉仕という名前で労働力として上手に使われ、農繁期には出征軍人の家庭に手伝いに入ることもごく普通に行われた。梅根はしかし、それを単なる勤労奉仕の作業に終わらせず、理科の教師などとも話し合いつつ、日常の授業と結びつけた科学や技術の教育の機会、契機にすべく努力した。戦時下の教育現場であっても、生徒の立場に身を置きながら、それなりの工夫をしていたのだ。(3)

3 川口市立中学校長時代

一九四一年一月に奈良女子高等師範学校（現・奈良女子大学）附属小学校の木下竹次（二四ページ参照）が辞めたあと、後任に梅根という話もあったという。ここの附属小学校は、木下竹次の「学習理論」を基本として第一次世界大戦後の「新教育」運動を主導してきた著名な学校であったし、梅根もその学校の研究機関誌に「合科学習」に関する論文を寄稿してきたという実績もあり、転任を期待してもいたようだが、別の候補者が決まり、結果的には梅根の奈良への転任は実現しなかった。

その一方、埼玉県川口市の若くて意欲的な高石幸三郎（一八九三〜一九八六）市長に、「埼玉には県立の中学がいくつもあるが、県の監督下におくのでなく川口市独自の理想的な市立中学を作ってみたい、金に糸目はつけない。自由に貴方の教育理想を具体化してもらいたい」と再三再四熱心に口説かれている。結局、その熱心さに打たれ、川口市立中学校の初代校長を引き受けたのが一九四一（昭和一六）年二月だった。

　敷地は決まっていたが、いざ学校を建てる段になった一九四一年一二月に太平洋戦争が開戦した。物資統制令が公布され、校舎を建てる資材がなかなか入手できない。ゆえに、建物、施設、設備を造り上げる苦労は並大抵なものではなかった。しかも、土木課長が見せてくれた設計図では二階建てで、それが普通だという課長に、「学校は平屋建てにかぎる」と梅根は主張した。平屋建て論の背景には、姫路師範学校の校長であった野口援太郎の「児童の村」の思想がある。ドイツのリーツ（Hermann Lietz, 1868～1919）などの田園教育舎の思想もあったのだ(4)。

　こだわりは、それだけではなかった。教育の内容と方法についても積極的に改革しようとした。県立の学校はどこも同じようなことをやっていたわけだが、川口の地域性に立って、川口らしい中学校にしようということである。

　川口は鋳物の町だったし、安行を中心に植木や花卉の園芸も盛んな所だった。そんな地域性も

（3）『教育研究五十年の歩み』二〇二～二一七ページ。
（4）同二三〇ページ参照。

川口中学の平面図

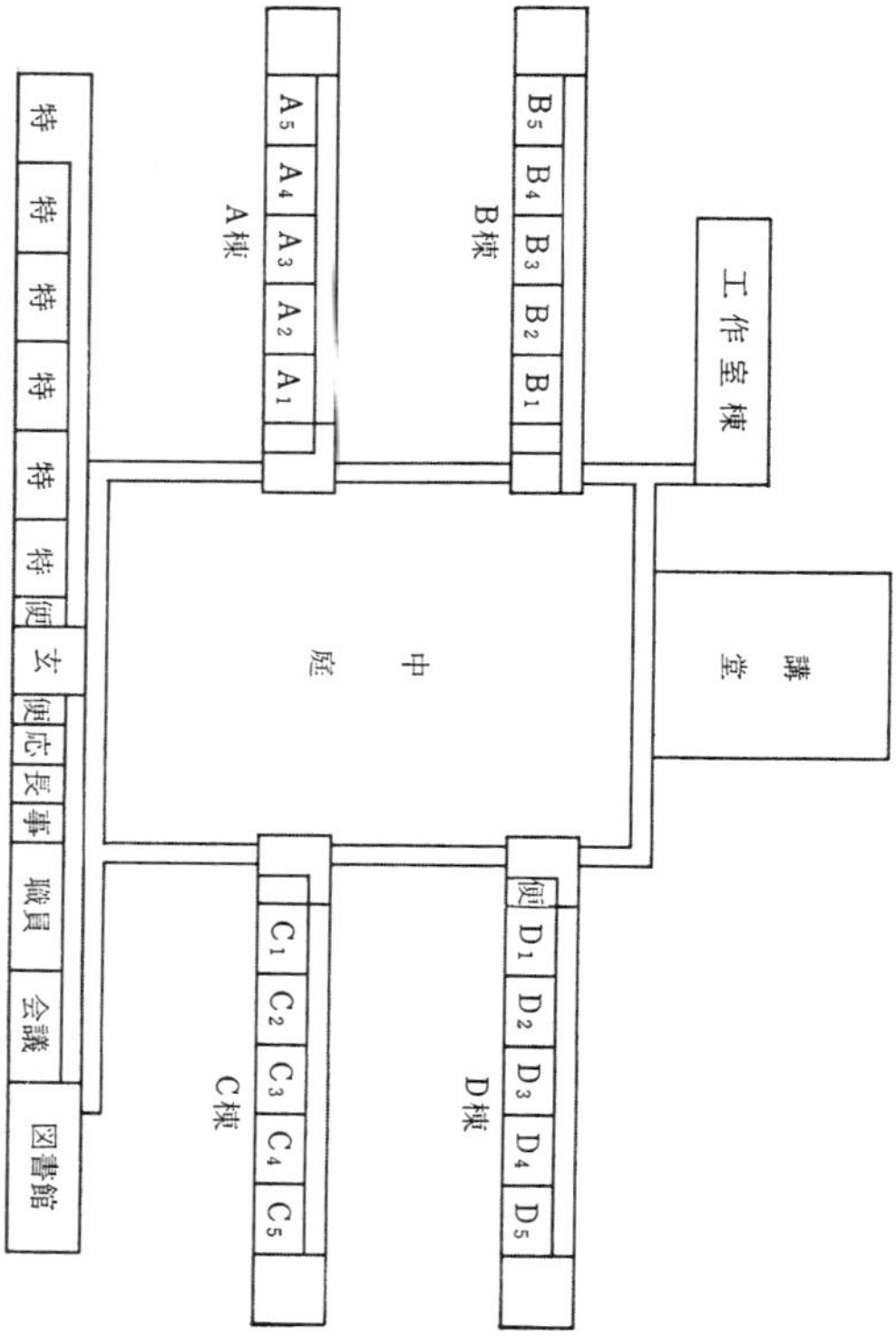

川口中学の平面図（出典『教育研究五十年の歩み』230ページ）

川口中学校の校舎の棟上げ（出典、同書、262ページ）

考え、中学校令にあった「作業科」を拡大強化して「技術科」を中核とした総合技術中心のカリキュラムを組んだうえ、川口中学校の上に高等工業学校をのせるように、と考えての構想であった。

一学級五二人、二人ずつのペアで理科の実験用具も二六組、生徒用の顕微鏡も二六台を無理して揃えたほか、計算尺や実習用の測量機器もきちんと揃えた。一九三九（昭和一四）年ごろから、高等商業を高等工業学校に切り替える動きが盛んとなり、機材がないという状況下での苦労は大変なものだった。さらに、人集めも行っている。元いた本庄中学からも、埼玉師範学校からも、意欲的な教師たちを引き抜いている。

スタートからこんな調子だったから、川口中学校の校長時代の五年間は相当忙しく、本庄中学時代の三年間とは比較にならぬくらいだったようだ。のちに梅根は、「川口中学の想い出は苦い」と語っている。忙しかったからというのではない。「端的に言えば軍国主義的な教育に足を踏み込んでしまって、その片棒をかつぐ破目になってしまった」というのだ。

新設校であったから、どこの学校にもあった天皇・皇后のお写真（御真影といった）を安置する建物（奉安殿といった）もまだ造られていなかったが、運動場に生徒を集めて宮城遥拝（天皇のお住居である皇居の方角に向かって敬礼すること）はやった。

新しいことの中心はもちろん技術教育だったが、一方では、当時の風潮に迎合し、同調したような格好で体操と教練も大事にした。生徒たちには、学校の往復にゲートルをはかせ、「辛抱してついて来い、その代わり軍隊に入ったら楽だぞ」と言い聞かせてもいた。

本庄中学校では「本庄―軽井沢間」の全校マラソンもやり、川口では、創立当初の一、二年生を、体操日本一を目指して徹底的に訓練を行ったりもした。

もちろん、夜間行軍もやっている。大晦日の夜半に学校を出発して夜明けに宮城（皇居）前に着き、また歩いて帰って来るというものだ。ただ、帰ればご馳走が待っているようにも配慮している。そのほか全校総出で田植えや稲刈りもやり、戦争中にはまず例がない学校給食も行った。

「あの戦争が帝国主義段階での、帝国主義国家どうしの戦争だったことは知っていた。マルクスをかじったんだからね。また軍の横暴ぶりにはひそかに腹を立てていた。だけれどもぼくは敗戦主義者じゃなかった。アメリカの独占資本と日本の独占資本のけんかだとはいっても、この戦争に完敗すれば日本はアメリカの植民地になり、資本主義国アメリカの属国か植民地になってしまうだろう。だからまけてはならんのだ。（中略）馬鹿な戦争をおっぱじめたもんだと内心思っていたが、始まった以上とにかくまけてはいけないんだ、とぼくは考えていたね。だから戦争にも協力したわけだ。勝つために、というより、負けないために。アメリカ人の、アングロサクソン人の、奴隷にならないために、というような気もちだった」（前掲『教育研究五十年の歩み』二四一～二四二ページ）

と、梅根は語っている。戦時下に出版した著述も含めてだが、戦争に協力的な、軍国主義的な教育に加担したということへの反省はせざるを得なかった。

4　続けられた教育学研究

かつての岡山師範附属小学校の主事を務めていた時期もそうだったが、教育現場の指導者として忙しい日常を送りながら、梅根は教育学研究者としての仕事を間断なく継続していた。

茨城師範附属小学校の主事となった一九三三（昭和八）年、その年の暮れには初めての著作『労作教育新論』（四九ページ参照）を成美堂から出版している。梅根にとっての処女出版である。研究職として生きることを願っている一方で、処女出版が本格的な「学術書」とは言い難いものであったことに若干の後ろめたさも感じていたように思われる。なぜなら、その理由として次のように書いているからだ。

「著者の大学に置ける専攻は西洋教育史の領域であった。この書はその専攻の研究の余暇に成った謂はば著者の大学生活の副産物である。専攻の方面に於て何等の労作をも成就しない内にかやうな副産物的な、しかも未熟なものを公にすることには少からざる躊躇を感ずる次第であるが、自分の現在の職務が小学校教育の実際にあるところから、教育の実際問題に関して自分が今までに読み且つ考へ来ったところを纏めて公にすることは、一面現在の自分に取っては適はしいことであると思って……」（前掲『労作教育新論』一～二ページ）

一九三六年八月、今度は『現代訓育思潮』を河出書房から出版した。当時、日本の教育学界の代表的教育学者と言われ、東京文理科大学の学長でもあった大瀬甚太郎（一八六五～一九四四）を監修者、梅根と海後勝雄が協力者となって、『現代教育学大系』全四八巻のうちの一巻として世に問うたものである。ちなみに、晩年に出版された『梅根悟教育学著作選集（全八巻）』（一九七七年）のうち、第一巻には戦前のものとしてこの二冊のみが収められている。その冒頭、次のような「序文」を書き記している。

「私は茨城師範の附小主事以来、実はこの教育現場的関心に忙しくて西洋教育史の研究者としてのしごとに専念することはできなかった。私はその時代以来いわば二足のわらじをはいて人生を歩いてきたと言っていい。しかし、そうすることは容易でないことであった。（中略）二足のわらじと言ってもより適切には一足のわらじの左足と右足ぐらいのものかも知れない関係にあるのであって私の書いたものはどんなに古い時代をとりあつかったもの、アカデミックなものでもその底には現代日本の教育をどうすべきかという課題とのかかわりがあるし、逆に現代の教育問題を論ずることが主題であっても、歴史的に語る場合が多いから、この区別は必ずしも厳密ではない」（「この選集について」『梅根悟教育著作選集（一）』明治図書出版、一九七七年、二〜三ページ）

梅根が教育史研究者としては異例の経歴をたどったこと、そのために研究の課題が教育史研究よりも教育現場の現実的課題に向けざるを得なかったことを、自らは「二足のわらじ」と表現したこと、また「結局どっちつかず」になったことに同意する者はいないだろう。

一九三九（昭和一四）年一月、今度は東京文理科大学に在学中から手がけていたコメニウス研究の成果をまとめた『コメニウス』が、著者名を佐々木秀一（高師附属小主事）として岩波書店から出版された。さらに、同年一〇月に『初等国民学校の理念』（成美堂）、翌一九四〇年九月に『初等教授改革論』（賢文館）、一九四一年二月には『国民教育の新体制』（河出書房）と相次いで出版している。いずれも、その時々に行った各種の研究や教育雑誌に発表した論文などを収めて編集し、出版したものである。

当然のことながら、そこには彼の教育史研究者としての論説も反映されており、いわゆる気軽に書いた諸論文の寄せ集めではなかった。とくに注目されたのが『初等国民学校の理念』で、「辛口の批評家」と言われていた教育学者の周郷博《すごうひろし》（一九〇七〜一九八〇）から次のような最大級の讃辞が送られている。

「欧米教育思想の紹介の範囲をあまり出ていない我国の教育学界にとって、著者の如きはまことにヂーニアスの名に価するであろう。我が国の所謂大先生と呼ばれる教育学者の著述のなかには見られない教育に対する博大な情熱と、そして何よりも、初等教育の現実の中から汲み取られた叡智の輝かしい光を感じとることが出来た。最もよくその現実を見、そして最もよく考へる人の一人であらう」（〈教育〉一九四〇年二月号）

しかし、三冊の著書が相次いで世に問われた一九三九年から一九四一年にかけての一年間の歴史年表を見ると、まさに日本の国家・社会体制が右翼的ナショナリズムに向けて激動の時期であり、とくに戦時下最後の著作となった『国民教育の新体制』（河出書房、一九四一年二月）は当時の首相近衛文麿（一八九一～一九四五）の「新体制」論に寄り添う立論と言ってよい。

さらに、『新日本教育学』（國民訓育連盟編）に掲載された「國民訓育の原理と方法」などは、「戦時下の私の思想を示す『証拠物件』」と梅根自身が述べているように、『教育勅語』の精神を教育現場でいかに実践していくかについて述べたものになっていることは間違いない。

第6章 梅根にとっての戦後
――中学校の校長を退職し、新教育運動のなかへ

1 悔い改めを乗り越えて

一九四五年八月一五日、梅根は天皇の「玉音放送」を自宅で聞いた。「とうとうこんなことになってしまったのか……」という空しい思いにうち沈み、やがて、戦時中に自分が言ってきたこと、やってきたこと、書いてきたことへの痛切な反省が湧いてきた。「戦犯校長」と言われても仕方がないと考え、教職を辞めるべく高石市長に辞意を伝えたが、同意は得られなかった。

九月、重い足どりで学校へ行くと、ともに戦時下の教育に携わった教員たちから、今後の教育

のあり方などについて相談された。しかし、「みんなで考え、語り合って決めていこう」としか言えなかった。

　とりあえず川口市の教員たちに呼びかけ、同じような悩みをもつ教員たちとの「教育懇談会」なる集まりをつくった。一か月に一、二度集まって、互いに悩みを語り合ったり、梅根がアメリカやソ連の教育について話したりした。時には、東京文理科大学の教授でありながら、のちに東京教育大学の初代教育学部長となった石山脩平（一八九九～一九六〇）や、教育学者の海後宗臣《かいごときおみ》（一九〇一～一九八七）らを招いて話を聞いたりもした。そんなときは数十名も集まったが、少ないときは数名ということもあった。

　この間、梅根の辞意はやはり固かった。それならばと、梅根の人格にほれ込んでいた高石市長が、「長年にわたって助役を務め、年齢が理由で退職された大作さんの代わりに川口市の助役になってくれ」と執拗に迫った。「ぼくが助役になったって助役の仕事できませんよと言ったけれど、先生は学務課と厚生課の二課を担当してくれれば、あとは一切私がやります。何としても」とまで言われて頼まれたので、やむなく川口市の助役となった[1]。一九四六（昭和二一）年七月のことである。

　市の助役となった梅根が課題としたことは、川口市の教育をどのように生まれ変わらせるかについて、全国に先駆けて考えていこうということだった。一九四六年の春にはアメリカから教育使節団が訪れ、報告書が公になり、翌年度からは従来の教育制度や教育内容が全面的に改変されることが分かってきた。また、「社会科」という新しい教科をカリキュラムの中心教科として実施しようとしていることも見えてきた。

　市の教学課が校長会に呼びかけ、当時、川口市にあった国民学校一三校、中等学校五校、青年学校二校の全二〇校すべてが参加して「新教育研究会」が発足した。海《かい》後《ご》宗臣《ときおみ》（一九〇一～一九八七）が主宰していた中央教育研究所の指導も仰ぎつつ、「鋳物の町・川口」という地域の生活現実を踏まえ、この地域をどのように改造・発展させていくかという課題につながる教育計画を立てるための取り組みが進められた。そしてでき上がったのが、川口市の社会科学習の指導計画であり、「川口プラン」と呼ばれたものである。

　一九四七年一二月、川口市の小、中、高校、全二〇校、約三〇〇名の先生たちが一斉に授業を公開するとともに「川口プラン」を公開した。全国から一〇〇〇人以上もの教師が集まり、そこで学んだ人たちは、地元に帰って新しいカリキュラムづくりに取り組むことになった。その結果、全国各地に、明石プラン、新潟プラン、福沢プラン、北条プラン、桜田プランなどが生まれている。

（1）前掲『教育研究五十年の歩み』二六三～二六四ページ参照。

こうして、「川口プラン」は戦後教育の一つのモデルとなっていった。その先頭に立って奮闘したのは、埼玉師範学校で梅根に学んだ若い教師たちだった。梅根は海後宗臣など指導者への依頼はもちろんやったが、自分の名前を表に出すことはなく、市の行政当局として必要な資金を準備するなど、裏方に徹した。

なお、川口プランについては、『社会科の構成と学習』(中央教育研究所、川口市社会科教育研究委員会編、金子書房、一九四七年)に詳しく書かれているほか、『近代日本教育の記録(下)』(石川松太郎・寺崎昌男編著、日本放送協会、一九七八年)も参考になるので、興味ある方は読んでいただきたい。

同じ場所に建つ現在の川口市役所。ここから「川口プラン」が拡まった

2 戦後初の著作『新教育への道』を著す

一九四六年一月、占領軍聡司令部は、日本民主化政策の一環として「好ましくない人物の公職よりの除去覚書」いわゆる公職追放令を発した。これにより約二一万人が退職し、高石市長も退陣となった。それならばと、翌一九四七年四月に梅根も川口市の助役を退職している。在職わずかに一〇か月、年譜には「無職となり研究と著作に没頭する」と記されている。

その言葉通り、半年後の一九四七年一二月、早くも戦後初の著書『新教育への道』が誠文堂新光社から出版された。以下の「はしがき」でも分かるように、この書は現場の若い先生方に直接語りかけるような調子で書かれたものである。

この本はおもに小学校や中学校の若い先生方を相手に、という気持で書いたものであります。戦争が終わってからしばらくの虚脱ののち、丁度焼け跡の若草の芽のように、各地で新しくわれわれの学校を建てなおそうという気運が動いてきました。これは実に心強いことであります。そして私のことを忘れないでいてくれた人たちの誰かれに促されて、私もあちらこちらで熱心な人たちに会い、未知の若い人たちにもお目にかかって、色々のことを語りあいました。

「新教育」の話をしてください、という求めに応じて、講話めいたこともやりました。

何べんかそうした機会を経るうちに、皆さんから、講話の内容をまとめて本にしてくれたら便利だが、という話も出ましたし、自分でも今までに「新教育」について先生方相手の何冊かの本を書いておりましたけれども、それも今は得がたくなっており、又、一通りまとめて読んでいただくのに都合のよい書き方で改めて書いてみたい、という気持もありましたので、雑務の暇をぬすんで筆をとってみました。

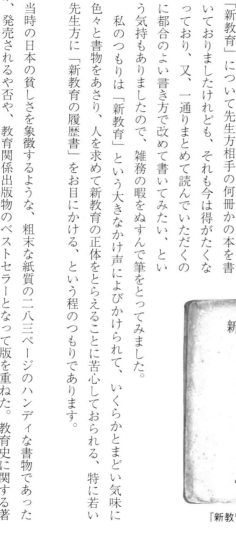

私のつもりは「新教育」という大きなかけ声によびかけられて、いくらかとまどい気味に色々と書物をあさり、人を求めて新教育の正体をとらえることに苦心しておられる、特に若い先生方に「新教育の履歴書」をお目にかける、という程のつもりであります。

『新教育への道』の表1

当時の日本の貧しさを象徴するような、粗末な紙質の二八三ページのハンディな書物であったが、発売されるや否や、教育関係出版物のベストセラーとなって版を重ねた。教育史に関する著作が飛ぶように売れることなどめったにないわけだが、四年後の一九五一年には改訂版が出版されるというほどの売れ行きだった。

短期間に一気に書き上げられた著作であるが、ここには東京高等師範学校時代にはじまる梅根の西洋教育史研究や、積年の研究成果が分かりやすい物語としてよみがえるという、見事な著作であると言える。

最後の「余話」で、「新教育というと終戦後に急にはじまったもののように考えている人があり、なかにはどうせアメリカが引き上げたら元にもどるだろう、などと考えている人もあるようですから、ここで新教育運動と言うものはそんなものではなくて、長い間日本の土地でわれわれの先輩たちが苦心して育ててきたものであることを知っていただきたい」と断ったうえで、文部官僚の伊沢修二（一八五一～一九一七）や教育学者の高峰秀夫（一八五四～一九一〇）などがアメリカに留学し、ペスタロッチ主義を学んで帰ったのをはじめとして、大正期に活躍した多くの先輩たちの名前も列挙し、戦前日本の教育改造運動には、戦後の「新教育」に活かすべき確かな遺産があることを強調している。

教育史研究の成果は、教育の現場で生かされてこそという思いを、梅根自身も新たにしたと思われる。

3 母校、東京文理科大学の教師になる

一九四八年二月、梅根は母校の東京文理科大学に助教授として迎えられた。爆撃で木造校舎は焼失し、焼け残った校舎の内外は荒れ果てていたが、日本の教育学会の発展を支えた大瀬甚太郎、篠原助市が去ったあとの人事で、同僚のスタッフや学生たちに歓迎されたことと思われる。梅根にとって母校に着任できたことは、若い学生とともに教育学の研究に専念し、活躍できる環境に恵まれたことになる。

私事になるが、筆者は梅根の著書『新教育への道』を読んだことがきっかけで一九五〇年四月に東京文理科大学に入学して学ぶことになった。「貴君は梅根に憧れて上京するようだが、東京でのうわさでは梅根教授は大学では『休講』が多いようだよ」と、ある教育学者が語っていたが、その噂は間違いで、休講は一度もなかった。

入学式後のオリエンテーションで梅根は、「諸君にとって大学とは研究の基礎をつくるところだ。この大学に入ったからには、少なくとも二つの外国語の文献を読みこなす力をつけるように」と強調していた。それを聞いた筆者は、夜、ドイツ語の学習塾「高田外語」で学ぶことにした。ちなみに、卒業論文となった『ドイツ統一学校の性格』を仕上げるのに、高田外語で学んだこと

が大変に役立った。

その過程で、ドイツワイマール期の重要文献の所在を梅根に尋ねたことがある。そのとき梅根は、「篠原助市先生を念のために訪問しなさい」と言って紹介状を書いてくれた。おそらく、篠原助市という教育学者を訪ねた最年少の学生が筆者であったことだろう。

教育学科の梅根ゼミナールは「西洋教育史」で、ペスタロッチの『隠者の夕暮』を読むことだったが、私は父が所有していたドイツ語の原文をもって出席した。このことも、筆者の大学生活において忘れ難いこととなっている。

一九五三年三月、筆者は旧制東京文理科大学における最終年度の卒業生としてこの大学を去っている。それ以後、梅根の門下生の一人として期待されたようだが、それに応えることは到

筆者を含む東京文理科大学の学生とともに。1953年２月（出典：「生活教育」1981年追悼臨時増刊号）

底かなわぬことだった。ただ、梅根がそうであったように、教育学研究者は常に教育実践的課題に取り組むように心がけたつもりではある。

梅根は、「教育学者はその時々、そこでないとできない課題に真剣に取り組むべきだ」と口ぐせのように語り、人生の後半期を世界教育史研究に焦点づけていたが、筆者も気持ちだけは梅根の後を追うように努めた。それゆえ、コア・カリキュラム連盟の運動とも終生かかわることとなった。

梅根は、東京文理科大学に赴任した年度に、『新教育への道』に続く著作を相次いで発表している。多くの人たちの期待に応えるべく、また自ら教育学者としての再生への意志を強めつつ、短期間のうちに以下のような著作を仕上げていった。まさに驚くべきことである。

・一九四八年八月　『新教育と社会科』河出書房
・一九四八年一〇月　『生活学校の理論』国立書院
・一九四八年一二月　『初等理科教授の革新』誠文堂新光社
・一九四九年一月　『ヒューマニズムの教育思想』中央教育出版

とくに注目に値するのは、『初等理科教授の革新』と題する大著（本文四二二ページ）である。

『梅根悟教育著作選集』（明治図書出版）の第五巻として収録されているので、もちろん現在でも読むことはできる。四〇〇ページを超える厚さゆえ、内容も濃密なものとなっているのだが、その「はしがき」で梅根は次のように書いている。

この本は最初の原稿では今ここに収めるものよりも遙かに大きな量のものであったが、……その一部を削除し、縮小することになった。

そして、次のように初等理科教授を説明している。

この本は自然科学の初等教育への導入の歴史とそれに関連して展開され来った初等理科教育に関する思想の歴史とを，特に後者に重点において叙述しようと試みたものである。従ってそれは初等理科教授の歴史を通してみた歴史である、と言ってもいいであろう。初等理科教授は新しい時代の産物である。従って、その歴史を語ることは初等教育そのものの歴史を語ることである。

『初等理科教授の革新』の表紙

この書もまた、梅根の過去における研究歴がいかに充実していたかを示している。と同時に、出版された一九四八年という時期、日本の教育が、いかなる方法、範囲で発展しようとしていたかを示すものでもある。

日本の初等教育の内容は国際的に見ても貧弱だった。小学校の低学年カリキュラムには「理科」という教科すらなかったのだから、この書が出版された意義は極めて大きかったと言える。

なお、私たちが学生だったころ、梅根は学位論文「中世ドイツ都市における教育制度の成立過程」の執筆にも全力で取り組んでいたはずだが、それが活字になったのは一九五二（昭和二七）年一一月のことで、当時はまったく知る由もなかった。(2)

(2) 浜田陽太郎等編『近代日本教育の記録（下）』（日本放送協会、一九八一年）と『海後宗臣著作集（第九巻）戦後教育改革』（東京書籍、一九八一年）も参照していただきたい。

第７章 東京文理科大学での研究と教育改革運動

1 母校ではじまっていた教育改革への運動

一九四七（昭和二二）年、文部省は戦後初めての『学習指導要領』（一般篇）を発表した。そこには「試案」の二文字が付されていた。当時、文部省に在職していた教育学者の重松鷹泰（一九〇八～一九九五）は、この『学習指導要領』につけた「試案」の二文字は一時的なものではなく、「永久に試案であるべきだ」と記し、カリキュラムはそれぞれの学校で教師が子どもとともにつくっていくべきものであることを強調していた。

戦時体制下での学校は、すべて国家で定めた教科内容に従うべきだとしていたのを、大きく変換したわけである。しかし、当時の日本の教育状況下では、「カリキュラム」という用語すら一般には理解されてはおらず、各学校がそれぞれにその学校独自のカリキュラムなるものをつくるのは容易なことではなかった。

一九四八年の一〇月三〇日、東京文理科大学教授の石山修平（一八九九～一九六〇）を委員長として「コア・カリキュラム連盟」（略称コア連、一九五一年に日本生活教育連盟＝日生連と改称）と名乗る教育研究団体が設立され、発足している。「川口プラン」がそうであったように、子どもたちが暮らす地域の生活に根ざしたカリキュラム（教育課程）を、それぞれ学校ごとに自主的に編成し、それに添った教育を推進することを通して子どもたちの発達を促していこうとした民間の教育研究団体であった。

なお、「コア」というのは日本語で言えば「核」もしくは「中心」であり、「コア・カリキュラム」とは、「あれやこれや」の並列的な学習内容ではなく中心的な題材をもったカリキュラム、つまり中心的な課題を示したカリキュラムを意味していた。

発起人には、和泉久雄、井坂行男、石山修平、馬場四郎、和田義信、海後勝雄、長坂端午、梅根悟、小島忠治、重松鷹泰の一〇名が名前を連ねており、それぞれ職場は異なっていたが、戦前、とくに大正期からの「自由教育」と「新教育」の主張と実践に共鳴していた教育者たちだった。このメンバーのなかから、梅根は選ばれて副委員長となった。

コア・カリキュラム連盟は、発足の翌年、一九四九年の一月から月刊の機関誌〈カリキュラム〉を編集・発行し、多くの読者を得て、その影響力は「民間文部省」とさえ言われたほどである。一九四九年四月、梅根は光文社から『コア・カリキュラム――生活学校の教育設計』という著書を出版した。その「はしがき」には次のように書かれていた。

カリキュラムの改訂ということはわが国の教育界のこれからの大仕事でありますし、それも今までのように、お役所の方たちが作ってそれを全国の教師に天下り的におしつけるのではなく、みんなで考えて作りあげてゆく仕事であり、またかめいめいがその土地、そのあずかっている子どもたちに合うように創っていくべきものでありますので、「カリキュラムを作る責任者としての教師」の役割はなかなか大きいわけであります。

私がこの本でお話していることはそうした責任を持っている教師たちの手引書にすぎません。新しいカリキュラムとは一体何であり、どんな考え方に基づくものであるのか、ということについて私自身の考え方を一応お話ししてご参考に供しようというものであります。

本書のはじめの部分で、「カリキュラム」という言葉はもともと英語ではなく、ドイツ語でもなく、古いローマ時代から使われてきたラテン語を語源とした言葉で、近代ではイギリスのＨ・

スペンサー（Herbert Spencer, 1820〜1903）が「course of study《コース・オブ・スタディ》」と訳して使った言葉だ、と梅根は述べている。

「カリキュラム」という言葉は、戦後初期の日本では確かに「耳新しい」言葉であったが、国際的な視野からカリキュラム研究の現状と日本における今後の研究課題を明らかにした梅根のこの書もまた、著者の予想を超えて多くの読者を得ている。つまり、日本の教育界に「カリキュラム」についての理解を深める重要な役割を果たしたと言える本であった。「コア・カリキュラム連盟」が果たした役割もまた、そこにあった。

2 コア・カリキュラム連盟と和光学園

一九一七（大正六）年、「大正期新教育運動の巨峰」とも言うべき澤柳政太郎により、成城学園が日本で最初の教育改造運動の「実験学校」として創設された。もちろん、梅根はそのことを当時から知っていたし、その成城学園に、いわゆる「成城騒動」（一九三三年）が起こったことも新聞の報道で知り、その成り行きにも注目していた。

しかし、そんな梅根も、「成城騒動」解決の過程で、創設者の澤柳政太郎（一八六五〜一九二七）

とその後を引き継いだ小原國芳《おばらくによし》（一八八七～一九七七）の教育方針を支持した父母の有志たちによって、世田谷区経堂の地に「戦前最後の新学校」として「和光学園」が創設されていたことは、東京文理科大学に戻り、コア・カリキュラム連盟（以下、コア連）に参加するまで知らなかった。七名の教師と三三名の子ども、そして父母たちが集まって出発したもので、その存在はあまりにも小さく、学校経営は常に苦難を強いられていた。

一九四九（昭和二四）年、「新教育」に関心を深めていた和光学園の教師であった池本寿子が、校長の堀川武夫に相談し、同意を得てコア連の海後勝雄《かいごかつお》を招いて講演会を開いた。講演を聴いた校長の堀川は、コア連による教育経営によって和光学園の新しい発展を期すべしと考え、理事長を説得し、賛同を得た。

コア連もまた「カリキュラム研究所」を設置し、運動の発展方策を模索していた。和光学園が、戦前からの新教育運動の系列に連なる学園であることも知り、理事会からの要請を積極的に受け止め、経営にも参加し、教育に責任をもってあたることとなった。

一九五〇（昭和二五）年、堀川は和光学園の新たな発展をコア連に託し、自ら退任願いを提出して校長を辞職した。その後、石山修平教授を学園長に、海後勝雄を校長に、そして梅根悟を顧問として、和光学園はコア連の実験学校として四月から再出発することになった。

校長に就任した海後勝雄は、全国から優れた教師を集め、ユネスコの実験学校をも引き受け、国際的な協力も得ながら新教育のメッカにふさわしい実践を展開し、公開していった。当時、東京文理科大学の学生・卒業生からもそうした研究に参加する者も出てきている。

ところが、二年後の一九五二（昭和二七）年、海後は埼玉大学の教授となって転任した。和光学園がその後任として迎えたのは、山梨県の教育研究所長を務めていた春田正治《はるたまさはる》（一九一六〜二〇〇五）である。

春田は愛知県の県立津島中学の出身で、東京文理科大学教育学科を卒業後、山梨女子師範学校の教師となった。間もなく日中戦争がはじまり、一兵卒として出征し、旧満州（中国東北部）でソ連軍によってシベリアに連行され、強制労働にも従事させられた。

帰還後は、山梨県の教育界で新教育の理論的・実践的指導者としてめざましい活躍をしていた。コア連にも創立時から積極的にかかわり、連盟のなかではよく知られた存在であった。東京文理科大学の先輩だった海後や梅根らに、その非凡な教育姿勢、指導力が認められ、和光学園に招かれたのである。

春田は優れた学校経営能力を発揮し、コア連においても敏腕を発揮した。結果として、のちに梅根を初代学長とした和光大学の創設にも結び付いていった。

その後、一九五〇年代から一九六〇年代にかけて、和光学園の教育、さらには日本の民間教育研究運動の歴史は、この春田正治の存在を抜きにして語ることは不可能であると言える。

3　学位論文の執筆

西洋教育史、それも思想史からはじまった梅根の教育史研究は、「思想の器」ともいうべき教育制度研究へと拡がっていった。戦後の「六・三制」の誕生、公選制による教育委員会の発足、教育基本法の制定などといった一連の教育改革は、新教育運動に関心をもってきた者にはまったくありがたいことで、それを守り育てていくために、このような近代的な教育制度の欧米における成立の歴史を明らかにしておくことが、日本の教育制度を近代化していくための手本として大切だと思われたと、後年、教育史研究が新しい段階に入った動機を梅根は語っている。

新教育思想の研究に一応の区切りをつけ、新教育を入れる制度的な枠組みとしての近代民主的教育制度の発達史に取り組んだその成果が、金子書房版の『教育大学講座』に収められている『西洋教育史』のなかの「西洋教育史概説」であり、やがて学位論文となってまとまった『中世ドイツ都市における公教育制度の成立過程』という本の構想と準備も、一九五二年の秋ごろからはじまっていたと思われる。

学位論文は、長く日本の教育を支配してきた国家権力による国民を統制・支配するものとしての公教育制度とはまったく異質の、市民社会的な教育制度の原型を見ようとしたものであり、そこでの公営学校は、公営ではあっても義務制もカリキュラム統制も伴わない、公営の公園や運動場と同じようなものであったことを訴えようとしたものであった。

なおこの論文は、ミュラー（Adam Heinrich Müller, 1779～1829）がドイツ都市の市役所の倉庫の中から探し出して集めた、市役所と町の教師との間の契約書や、市役所と寺院の間の学校をめぐっての紛争の調停書などを丹念に収集し、分析したものとなっており、オリジナルな史料に直接ぶつかって研究した最初の労作であるとして高く評価された。

梅根自身は、「それまでの日本の外国教育史研究が幸か不幸か幼稚でありましたために、望外な評価を受けることになりました。そんな研究のしかたというものは、まったくの当然のことで、別に自慢になることではありませんけれども、過去の日本での西洋教育史研究は残念ながら、この当然のことができていなかったのです」と、のちに語っている。

中心をなす本論部分の要点は、次のようになっている。

第一章では、ドイツの諸地域を（1）オランダ、および北部の先進商工都市、（2）東部の植民地地帯、（3）中部、南西部の旧文化地帯、に分けて、それぞれの地域の特性を反映しながら市立の学校が成立していった過程を、入手し得るかぎりの根本史料に基づいて克明に分析されている。

また第二章では、市立学校の校長職および一般教職の身分・収入の変化の過程（その公職化の過程）を分析し、これまた豊富な史料に基づいて丹念な分析を行い、類型を抽出している。

このような詳細な分析をふまえて、「総じてわれわれはドイツ中世の都市における市政府によって行われた教育的工作は、それが宗教改革以後にみられるような宗派的対立や国家間の政治的対立に裏づけられた、教育の内容および就学についての強権的、押売り的教育制度でなく、ただ市民の教育的便益を図ることを目的とする、いわば〝純粋な〟市民教育的体制であった点に著しい特質をもっていることを明らかにしてきた」と梅根は述べ、中世ドイツ都市の市立学校は、市が自主的で自由な都市の名誉にかけて、市民の利益と利便を阻んだ反動的で堕落した地方教会権力と抗争を続けた結果の所産である、と結論している(1)。

4　西洋教育史研究者から世界教育史の研究者へ

一九五〇年代の梅根は、東京教育大学の教授として六・三制の教育制度改革の進歩的意義を説き、コア・カリキュラムの実践現場などと直接かかわり、指導的な役割を果たしてきたことが理

(1)　学位論文、二四三ページ。

由で注目されていた。

一九五三年四月、梅根は琉球大学の招請により、東京教育大学の同僚で心理学を専門とする小宮山栄一（一九一三〜一九六三）とともに軍政下の沖縄へ渡った。中堅どころの現職教員を対象とした講習会だったが、梅根はコア・カリキュラム連盟に参加している仲間たちによる地域カリキュラムや学校単位のカリキュラムの資料を豊富に用意して出掛け、そうした資料を自由に見せながらの講義となった。

同行した小宮山が「児童心理」と「教育評価」を担当し、講習会を交互に行ったため、週に三日は講習会がなく、自由な時間を使って『問題解決学習』を一気に書き上げ、翌年、誠文堂新光社より出版している。この本は、『新教育への道』と『生活学校の理論』とともに「生活教育の三部作」と言われている。

沖縄には七月までの四か月間の滞在だったが、その間、南部の激戦地、学徒隊が白骨になった地域を案内されたり、立派なアメリカンスクールが建っている一方で、ほったて小屋の土間でみかん箱を机代わりにしている学校なども見て回った。そこで撮影された「沖縄の仮校舎」と題する茅葺き校舎の写真が、以下に紹介する『世界教育史』の最終章「ファシズムの教育」の一郭に、「昭和二八年著者うつす」との注釈つきで紹介されている。

一九五五年一〇月、梅根は『世界教育史』という大著（本文四七〇ページ）を光文社から出版した。その「はしがき」には次のように書かれている。

私はこの本で、人類の子どもたちは歴史はじまってこのかた、今日まで、一貫して親たちの必要や打算、そしてその親たちや子どもたちを支配している国家権力や支配階級の必要や打算によって、いろいろに教育されてきたということ、その必要や打算は、大人たちの置かれているいろいろの問題事態から生じたものであること、ことに、それは人類の歴史が戦争の歴史であるという事実と深くつながっているということ、したがって、端的にいえば、子どもたちは長い歴史を通じて、戦争のために教育されてきたこと、人間は人間どうし殺しあいをするために教育されてきたということ、また直接にはそうでないにしても、そうなる結果をまねくような事態のつながりの中で教育され、あるいは教育されないできたということ、そして、この戦争のための教育は、初めは小さなグループとグループの戦いのために、次いでは、より大きなグループとグループの戦いのために、そして、やがては、支配者と被支配者からなる階級社会において大規模な国家権力のもとに、支配階級相互の争いのためになされたも

『世界教育史』の扉

のであること、国家教育とか義務教育制度とかいう、近代教育の誇りとする制度も、けっきょくはそのような、戦いのため、一部の人たちの利益のために役だつ制度にすぎなかったこと、――そうしたことを、乏しいながらも、いくつかの史実によって明らかにし、中心の筋としてとらえてゆこうと考えた。だが、それだけではない。

そうした悲しむべき歴史の中にも、そうでない教育をうち立てようとする努力、戦争へではなしに平和へ、民衆の不幸をますます深くする筋道においてでなく、民衆の――すべての民衆の幸福をもたらす筋道において、民衆の教育の向きをかえようとする勢力がたちあらわれ、しだいに強まってゆくということ、その勢いにこそ子どもの幸福――そして大人の幸福への望みがかかっているということ、そのことを、同じくささやかながら、私が知っているいくつかの教育史上の事実に即して述べてみたいとかんがえた。それがこの本のあらすじである。その『すじ』は必ずしもすっきりとは通っていないであろうし、私はいたるところで無用の道草ばかり食っているにちがいない。じつは校正をしながら、私自身あきれているしまつである。

だが、日本の教師諸兄姉が、これまでの教育史、ことに日本で書かれた教育通史から得られるものといくらかでもちがったものを、この本から得てもらえるなら、私としては満足である。

梅根は、第二次世界大戦後の日本の教育改革、いわゆる六・三制や教育委員会制度の成立過程の歴史的意義を、いくつかの論稿を通して明らかにしてきた。そして、この時期の研究歴を第一期の「新教育思想史の研究」に続く第二期、すなわち、新教育を入れる制度的な枠組みとしての「近代的教育制度の発達史」研究と位置づけていた。

しかし、戦後日本の教育改革は、一九五一（昭和二六）年ごろから学習指導要領の改訂、教科書制度、教育委員会制度の改悪、教師に対する勤務評定の実施など「反改革」に転換し、そうした反動文教政策に対する批判活動が梅根の活動のメインとなり、彼の教育史研究もそうしたなかで大きなターニング・ポイントを迎えざるを得なかった。

そして、反動的な教育政策というのは、日本のこの時点だけのものでなく、近代国家に共通なものであり、近代国家ではどこでもそれと民主勢力との間の対立緊張があった。また、その政策には一定の定石みたいなものとして見抜いておくことが必要であると考えるようになった。

だから、たとえばこの『世界教育史』のなかでは、一九世紀から二〇世紀の初めにかけてのいわゆる新教育運動を、帝国主義の展開期にそれを基盤とし、その要求に呼応して生まれた運動としてとらえている。

「まったく新しい見解で」とか「学生時代以来ずっとやって来た教育史研究即ち新教育思想史の研究そのものを根柢からゆすぶるものであります」と梅根自身が語っていることでも明らかだが、この『世界教育史』は、梅根の教育史研究第三期の代表作として位置づけられるものである。

最終の「第二次大戦とその後」、つまり本書の末尾は次のような文章で閉じられている。

人類は数十万年の昔と同じように、今日もなお、しかもあれほどの惨禍、あれほどの子供の不幸をもたらした大戦のあと、何年もたたない今日、なお子供たちをふたたび戦場に送りこみ、戦災孤児におとしいれるための教育を彼らに強いようとしているように思われる。われわれに知られている人類の教育史は、一貫して、「戦争のための教育の歴史」であったと言っても言いすぎではない。子供たちの教育権が、国家と名のつくような権力によって握られてこのかた、その権力は戦争のために必要なばあいにだけ、そして、それに必要なかぎりの、そしてまた、それに適合した教育を民衆に強いてきた。その必要のないところでは、国家は民衆にたいする教育の権利も義務も、そして子供を保護する配慮も放棄して、かえりみなかった。この本の叙述はそのあらましを物語ってきたはずである。

しかし、また、人類の教育の歴史は、そのような教育の目的とはまったくちがった目的で子供たちを保護し、彼らの健康と知性をつちかう教育をおしすすめようとする人たちの仲間が、その数と力をまして進んできたことをも示している。そして教育の歴史は、その人びとの力によって、人間が人間を、人類の子供たちを、幸福にすることとができるということを信じさせると言いえないであろうか。

第8章 ソビエトとチェコ・スロバキアへの教育視察、そして北朝鮮

1 ソビエト社会主義共和国連邦

一九六〇年一二月、梅根は戦後初めての外国旅行に出掛けた。ソビエトの教育文化労働組合と日教組の間に交換交流する協定があり、モスクワ大学、ソ連教育労働者組合およびチェコ教育、文化、出版労働組合などの招待によるもので、雑誌〈生活教育〉に連載し、のちに紀伊國屋新書として出版された『ソヴェート教育紀行』には、日教組の小林武（一九〇六～一九八七）委員長の「かいぞえ役といった形で、つれて行ってもらった」と書いている。

「国民教育研究所」の創立（一九五八年四月開所）にかかわった一人としてなのか、もう一人の

同行者が日教組高校部の小西中央執行委員だったことから考えて、梅根が前年の一九五九年に日本学術会議会員に当選し、「大学制度の改善について」取り組んでいたこととの関連もあったようだ。

ただ、ソビエトの高等教育省を訪ねた折には、もちろん大学教育における「労働との結合」や「大学教員の選任」、そして「大学教授の任期制」などについてあれこれ興味をもって尋ねてはいるが、この旅における梅根の主たる関心が大学教育にあったとは思えないことが、このあとの記録を見ていけば分かる。それはともかく、この三人に現地での案内人や通訳がその時々に加わり、楽しい外国旅行となったようだ。

『ソヴェート教育紀行』の表紙

「ソヴェートにゆくことになった時、モスクワやレニングラード以外で、私がここだけはぜひ行ってみたいと、ひそかに思っていたのは、トルストイの故地、ヤスナヤ・ポリャーナだけだった」と梅根は書いている[1]。

ぜひ、彼の地へと同行の二人を説得して、現地の世話役からどこか見たい所があったらと告げられるとすぐに申し入れた。すると、「ずい分多くの教育視察団がソヴェートを訪れるが、ヤスナヤ・ポリャーナ学校の訪問を希望する視察団はなかった。あなた方が行って下さることは大へんうれしい。学校でも喜ぶだろう」と無理して日程に加えたうえ、当時の委員長自らが案内のために同行してくれることになり、梅根の願いはかなえられた。

　ヤスナヤ・ポリャーナ学校は、一八五八年、トルストイ（Ru-Lev Nikolayevich Tolstoy.ogg Лев Николаевич Толстой, 1828～1910）が二九歳のときに自邸の一部を校舎にして、自らの領地に住む農民の子どもたちを集めて開いた学校である。

　この学校を中心にして、近隣の村々にもいくつかの学校を造ったほか、学校の仕事を中心にして多くの教育論を発表し、多くの教科書や児童読み物をつくっている。あの有名な『イワンの馬鹿』も、そのうちの一つである。

　梅根は次のように書いている。

「トルストイ自身がヤスナヤ・ポリャーノ学校のことを語りつつ、自らの教育観を述べた本である『国民教育論』のフランス語訳を、学生時代に上野の図書館で見つけてむさぼるように読んだのがいわば病みつきで、以来ヤスナヤ・ポリャーノは、ペスタロッチのノイホーフ、フレーベルのカイルハウ、オウェンのニューラナーク、タゴールのシャンチ・ニケタンなどとともに、私の

（1）〈生活教育〉一九六一年三月号より一四回にわたって「ソヴェート旅行記」として連載し、のちに紀伊國屋新書として『ソヴェート教育紀行』（一九六三年）が刊行されている。ここでの引用はすべてこの新書版から。

教育学者としての思想の源泉ともいうべきものになった」（前掲『ソヴェート教育紀行』七四～七五ページ）

その日は土曜日であった。早く行かないと学校がひけてしまう、というので早起きして出掛ける約束となっていたが、結局、車の都合などで遅れてしまった。そのうえ、霙《みぞれ》が降ったりやんだりの悪天候であったため、到着したのは午後二時すぎになってしまい、学校は退《ひ》けてしまっていた。それでも、当地の教育局長、教組の委員長、レフチェンコ校長さんらが待っていてくれたという。

トルストイは「墓をつくるな」と遺言して亡くなっているため、墓石も墓標もなかったが、彼が埋められた窪みを取り巻く松の木には花環がたくさん立てかけてあった。一行が到着する少し前に、五〇年忌の追悼祭が行われた名残があった。墓地には、ヤスナヤ・ポリャーナ学校の生徒たちが数十名、そして先生たちの一団も来ていた。

かつてのヤスナヤ・ポリャーナ学校の建物の一つである「トルストイ博物館」には、彼の原稿、著作、蔵書その他の遺品、世界各国のトルストイ作品の翻訳書などが並べてあったが、かつての学校の跡であることを物語るものは、残念ながら何一つ残されていなかった。

それでも梅根は、

――一年に一、二度子どもたちの爆発的なストライキが起こり、子どもたちはこの階段を転がるように走り下りて、あの林の中に、蜘蛛の子を散らすように散らばっていったんだな。そして、それを先生が追っかけている様子を、トルストイ先生はこの辺の窓からにやにやしながら眺めていたんだな――

というようなことをあれこれ思いめぐらし、去りがたい気持ちで想像にふけったという。近くのレストランで昼食とも夕食ともつかぬ食事をしたあと、ようやく現在のヤスナヤ・ポリャーナ学校への訪問となった。

子どもはいなかったが、校長をはじめとして何人かの先生が残っていた。ソビエトにおいては最初となる生徒自作のプラネタリウムをはじめ、教室内の机の配置などに興味を惹かれて見学した。ひと回りしたときには午後の九時を回っており、地元の人たちは、「これからモスクワに帰るのは大変だから泊まってゆけ」と熱心にすすめてくれたようだが、翌日にはクレムリン宮殿を見物するという予定も入っていたため、真夜中にモスクワに帰り着いている。

ろう学校などの特殊教育の施設見学は三人の共通した要望だったが、レニングラードでようやくろう学校の見学をしている。しかし、特殊教育についての見学はここだけだった。ろう学校はレニングラードの町外れ、林の中にあった。この学校について梅根は、次のように書いている。

「教育方法には格別変わったことはないようである。学校は第一部（後天ろうと難聴）、第二部（先天ろう）とに分けられ、学級規模は一学級一二人以下、二八学級あって教師が五六人いて、そして口話法を中心として教育している。日本のろう教育の水準を知らない人が見たらびっくりするだろうが、日本のろう学校と比べて、まず甲乙はないというところだろう」（前掲『ソヴェート教育紀行』九七ページ）

ここの寄宿舎には三一五人の生徒のうち約半数が収容されていたが、モスクワで泊まったウクライナ・ホテルの部屋やモスクワ大学自慢の寄宿寮とも大して差がないうえに、寄宿舎の食堂でいただいた昼食についても、皿数は少ないけれども味のよさは極上で、ウクライナ・ホテルやレニングラードのホテル・アストリアの食事よりもはるかに上で、旅行中に食べた九〇回ほどの食事のなかで「これはうまい」と思った三つのうちの一つだったことを特記し、「いや、大したものである」と書いている。

ちなみに、「極上にうまかった」というほかの二食は、ヤスナヤ・ポリャーナの田舎料理と、のちに訪ねたチェコのスポジロフ八七番学校の給食であった。

グルジアでは全ソ労働組合総連合の本部を訪ね、教員の給料について根ほり葉ほりと聞き出すのに一日かかってしまい、ここでソビエトの教育参観は終わっている。そして、「教育にかんするかぎり、ソヴェートは既成の大国というよりも、むしろ未来の大国であるというのが、私のひとつの感想である」と述べてモスクワを後にし、一行は次の目的地であるチェコ・スロバキアへと向かった。

2　チェコ・スロバキア──コメニウスを訪ねて

プラハの空港では、チェコの教員組合の執行委員長はじめ数名の組合幹部に迎えられ、「日本のコメニウス学者をお迎えすることができてうれしい」と挨拶された。「三〇年来コメニウスを研究して来た私にしてみれば、自分の祖国に次ぐ親近感のある国である」と書いている梅根、さぞかしうれしかったことだろう。

空港には日本人も二人来ており、一人は世界労連本部に勤めている井出洋という人で、もう一人は二年前からチェコの国費による招待留学生としてプラハ大学に在学中であった千野弟一という人物であった。以後、千野がずっと通訳を引き受けてくれたようだ。「地獄で仏といった気持ちだった」と書いている。

コメニウスを別にすれば、チェコで梅根がとりわけ興味深かったのは、チェコの学校体系だった。チェコでは、九年制の統一義務普通学校（初等学校）の上が、日本流の順序でいうと普通高校、実業高校、徒弟学校（実務学校）の三系列に分化していて、第三の徒弟学校の系列が非常に充実していること、そして当局がそれをますます発達させ、これをもって全学校体系の中核にしようと考えていた。

日本では高校全入の運動が展開されているが、すべての青少年を今日の日本の普通高校のような、へたにアカデミックな学校に入れることがはたしていいことかどうか、大いに問題であろう。「すべての青少年に後期中等教育を」という要請は正しいとしても、それはけっして「すべての青少年に日本の普通高校でやっているような教育を」ということを意味するとはかぎらない。（中略）

普通高校には技術科もなければ、労働経験もなく、ただアカデミックな学科ばかりを教えている。これはけっして正常な、後期中等教育の姿ではあるまい。（前掲『ソヴェート教育紀行』一五六ページ）

このように述べる徒弟学校の見学を午前中に終えて、午後は待望のコメニウス教育博物館へという計画だったが、例によって徒弟学校であまりにも熱心に質問したり、見せてもらったりした

ためずいぶん時間がかかってしまい、目的地に着いたときは暮れやすい冬の陽ざしが落ちかかっていた。

それでも、以前から手紙のやり取りを通じてよく知り合っているコメニウス学者のチャプコーヴァ女史と、コメニウス教育博物館館長のノヴァークさんが待っていてくれた。ラテン語まじりの英語を使って専門的な話になり、通訳をしていた千野にも何のことだか分からないような話になってしまったという。

そんなこともあり、翌日は別行動となり、梅根は一人でコメニウス研究所に出掛けた。正しくは、チェコ・スロバキア科学アカデミー所管の「教育研究所」である。

コメニウス研究所では、チャプコーヴァさんが待っていてくれた。

「まず、図書館に行って、あれを見ましょうか」

「ええ、そりゃありがたい」

で、会話が通じたようだ。ヨーロパ屈指の古い優れた図書館としても知られているそこへ行って、観た「あれ」とはいったい何だったのだろうか。胸をときめかせて待つ梅根の前に置かれたものは、書庫から出されたコメニウス未刊の大著『人事の改革に関する大会議』であった。

「この一瞬は、トルストイのヤスナヤ・ポリャーナ学校の遺跡の前に立った時と共に、私の今度の旅行中の二大クライマックスだったといっていい」と梅根は書いている。

チャプコーヴァさんと一緒にこれらの手稿をていねいにめくりながら、所々拾い読みしたりして梅根はひと時を過ごした。ここ数年来、チャプコーヴァさんはこの本を出版する仕事に専念しているので、手稿の中味については隅から隅まで詳しく知っている。だから、話がなかなか尽きない。「まことに楽しいひと時であった」とも書いている。

その後、再びコメニウス研究所に戻っている。四〇名もの所員もいて、図書室には諸外国で出版されたコメニウス関係の文献が集められていた。そこには、数年前に研究所からの希望によって梅根が寄贈した『コメニウス』も並んでいて、係の人が「これ、あなたの本です」と指さし、見せてくれている。

そこを出て、半日ぶりに三人は合流し、最後にチェコの文部大臣を訪問したのだが、そこでいただいたプレゼントは、最近出版されたコメニウスの文献だった。しかし、それは、すでに東京の研究室に所蔵されているものであった。

この日は、ちょうどクリスマス・イブであった。早くから通訳には伝えてあったが、最後の希望は古本屋に寄ることで、この日にようやくそれがかなった。書架の一区画がコメニウス文献だけで占められているという大きな古本屋であったが、そこに並んでいた本も、ほとんどみな手元にあるものばかりだったという。

ほぼ一か月にわたる海外教育紀行は、こうして終わった。西洋教育史の研究者としても著名で、英・独・仏の文献を読みこなしていた梅根が一度も外国に出掛けたことがなかったということを知って意外に思った人も多いかもしれないが、戦前はもちろん戦後の一〇年間も、自由に外国へ出掛けることが許されていなかったため、格別不思議なことではない。

3 朝鮮民主主義人民共和国から招待される

ソビエト旅行からちょうど一〇年後の一九七〇年夏、今度は北朝鮮政府から招待された。朝鮮総連（在日朝鮮人総連合）を通しての突然の招待であったため面食らった梅根だが、招待してくださるなら喜んで、と応じた。経済学者三名、法律学者一名、そして教育学者の梅根という五名がそのメンバーであった。

出発前、梅根は、それまでに北朝鮮を訪問した人たちに会って様子を聞いてみた。それによると、視察のプログラムは先方でほとんど一方的に決めてしまい、こちらの希望は入れてもらえなかったということだった。それでも梅根たちは、希望を文書にして強く先方に申し入れをしておいた。

梅根らが要望したことは、訪問および説明聴取の分野を大きく「農業」「工業」「教育」「医療」「生活」の五分野にしたいということ、訪問見学だけでなく、社会科学院の学者諸先生から、この国の革命についての理論的諸問題や現状、問題点などについてきちんと説明を聞き、討論する機会も多くもちたいということ、そして我々は観光客としてではなく、研究者として招かれたはずだから、そのつもりでスケジュールを組んでほしい、ということだった。

結果として、申し入れがほぼ忠実に受け入れられたスケジュールが組まれたという。

当時、北朝鮮へは小さな貨物船や貨客船で日本海を渡り、それから汽車で十何時間も走り、三、四日かけて辿り着くというのが一般的な行程であった。しかし、梅根ら一行は、そんな表玄関からではなく、羽田からモスクワまでアエロフロートの大型機で一〇時間ほどかけて飛び、モスクワ―平壌間は中型機で一三時間、合計約二三時間かけての入国となった。これは乗り継ぎがよかったせいだが、羽田―平壌間を飛行機で飛べばせいぜい二時間で行ける所である。

帰国後、梅根は「チョソンの夏」と題する紀行文を〈生活教育〉に一一回にわたって連載している。その第一回は、最年長だからと団長を引き受けざるを得なかったお陰で、旅行中ずっと特別待遇だったことと、日朝間の自由な旅行、自由な往復が一日も早くできるようになってほしいという、嘆きとボヤキからはじまっている。

ホテルは団長だけ個室、しかも客室のほかに応接室やら執務室やらついている、三室も四室もあるという客室、しかもここだけテレビも入っており、汽車に乗るときも、上下二段にすれば四人分の寝室になる広さのコンパートメントを一人で使うことになるし、毎日乗ってまわる自動車も団長用は黒塗りの大型車で、案内役と通訳が陪乗というわけ。あとの諸君は一台に二人ずつの乗り合いで、案内人も通訳もつかないから、車中で窓外に見えるいろいろのことについて質問することもできない、団長は毎日自動車の中でたくさんのことを聞き、学ぶことができるが、他の諸君は、窓外に何かめずらしいものを見つけても、あれ、なんですかと質問することもできない、というわけで、いささか尻こそばゆい思いもし、気の毒な思いもした。

梅根にとって意外だったのは、団長に対する特別扱いだけではなかった。モスクワ空港での乗り継ぎの際、手荷物のトランク五人分がそっくり置いてけぼりになってしまっている。加えて、行く前にある人物から、「北朝鮮の夏は、気温は高いが、湿気がなくてサラッとしているから、しのぎやすいですよ」と言われていたが、話とはまったく逆で、暑さも三二・三度、湿度もすごく高く、日本の梅雨時のようなむし暑さであった。着替えたくても、下着類は全部置いてけぼりをくらったトランクの中にある。「えらいことになったぞ」とぼやきながら自動車に乗せられても、自動車には冷房装置がついていない。ホテルには扇風機が置かれていたが、冷房装置はなかった。汗びっしょり、濡れたシャツもパンツも扇風機に引っ掛けてその風で乾かすほかなく、その間、浴室のタオルを腰に巻いて……というありさまだった。

ちなみに、モスクワからの定期便は一週間後だったが、梅根たちは国賓クラスの特別扱いからか、トランクは臨時便で三日後に届いている。

招待してくれた社会科学院は、日本でいえば、あらゆる分野の科学者を代表する機関である「日本学術会議」や、功績顕著な学者を優遇するための栄誉機関である「日本学士院」に類するものであったが、そこの院長が自ら招待した賓客と接見する応接室にも扇風機はなく、配られた団扇でバタバタとあおぐしかなかった。

ただ、そこに扇風機があるか否かを気にしていたことが、社会主義国北朝鮮を理解するうえにおいて重要なカギになっていたことは確かである。

三日目は託児所と幼稚園の見学だったが、梅根の問題意識は、託児所に扇風機があるだろうかということだった。じつは、それがあったのだ。社会科学院の院長応接室にも、一流のレストランにも、国際ホテルの食堂にも、そして託児所の所長室にも置いてない扇風機が、幼児の遊戯室や寝室にはちゃんとあったのだ。

この事実は、心にくいほど社会主義の国らしい仕方ではないか、もうこれからは扇風機のない室で、話を聞いたり、食事をしたりすることにも不平なんか言わないことにしよう、と心に言いきかせた、と梅根は書いている。(2)

こちらの要望がほぼ忠実に受け入れられたことは先述した通りだが、それとは別に、先方にも是非見てもらいたいものがあり、若干の食い違いが生ずるのは承知のうえであった。

先方が見てもらいたかったのは、金日成《キムイルソン》(一九一二〜一九九四)首相の抗日武装闘争時代の戦績や、彼の革命業績を称える数々の記念館と博物館などであった。そこからも、もちろん大いに学ぶことがあったようだ。

八月一二日、午前中に「革命博物館」への訪問となった。展示の多くは、日本の植民地時代における日本政府の朝鮮人民に対する支配、圧迫、迫害、非人道的差別、搾取など、植民地支配の犯罪的な諸相が多くの具体例でもって物語られていて、日本人としては見るに耐えないような展示物ばかりが次から次と出てきた。

こうした日本の植民地支配の犯罪的な行為ばかりを見せつけられる展示室を一八室も見て回るというのは、非常に重苦しく長い時間であった。しかし、「見るにしのびない事実であっても、事実としてわれわれはそれを正視する責任があると思うし、この展示は日本の青少年にもぜひ見

(2)　第一回「チョソンの夏」、〈生活教育〉一九七〇年一一月号、二五ページ。連載は一九七一年九月号までの一一回。

せておくべきものだと私は思った」〈生活教育〉一九七一年二月号、五三ページ）と梅根は書いている。

たとえば、一九三三（昭和八）年の労働者の賃金（日給）の平均給が、日本人と朝鮮人と比較して出されている資料があったが、在朝鮮日本人男子が二円二八銭であったことに対して、朝鮮人男子は五六銭で四分の一、日本人の女子が一円一〇銭に対して朝鮮人の女子は四〇銭と、これも三分の一強となっていた。

「こんなデータは見たことがないけれども、私自身大正一〇年ごろから昭和一〇年ごろまでの間に何度か朝鮮に行って、このデータを裏づけるような現象的事実を自分の眼でみて、ヒューマニスチックな怒りを覚えた経験がある。日本の独占資本がそんな差別をしたのであってわれわれの知ったことではないなどと言ってはおれない事実が一ぱいある」（前掲誌、五三ページ）とも書いている。

平壌の南西五〇キロばかり離れた青山里《チョンサンリ》協同農場は、金日成が長年にわたって直接指導、育成してきた戸数六五〇戸、人口三四〇〇人、農場員一二〇〇人規模の「モデル農場」としてよく知られていた。しかし、普通の農村も見たいという申し入れをしたところ、咸興《ハムン》郊外にあるスウフン協同農場を案内してくれている。

また、工場労働者と農民の差異をなくしていくための課題について経済研究所の所員のレクチェアを受けて話し合ったり、二大製鋼所の一つである降仙《カンソン》製鋼所だけでなく、電気機関車製造工場や傷痍軍人と、その家族だけが働いている小さなビニール加工場も見学している。さらに、咸興医科大学附属病院、平安南道人民病院を視察し、保健医療制度についての説明も受けることができた。

北朝鮮の代表的な大学である金日成大学にももちろん出掛けている。小、中学校を訪問しても夏休み中だから、備えられた設備しか見ることはできないだろうと期待もしていなかったが、初等教育四年制の人民学校の上に接続している五年制の技術中学校への見学も、生徒召集日に合わせてスケジュールを組んでもらっている。

三〇〇〇年以上にもわたって中国文化の影響下にあり、漢字文化の国であった国が、朝鮮文字（ハングル）だけしか教えないことを疑問に思っていたが、低学年で週一時間、高学年で週二時間必修になっていることを知って、さもありなんと納得したり、学校の施設・設備については、北朝鮮から帰って教育

1970年８月、平壌にある平安南道人民病院の玄関で（出典『教育研究五十年の歩み』462ページ）

調査に出掛けた愛媛県のほうが、北朝鮮の中学校に比べてはるかに劣悪であったことなども書いている。

こんな旅を続けること二〇日間、最後は平壌ホテルで第二副首相との会見も用意されていたうえに記者会見もあった。記者会見では、およそ次のような話をしている。

私たちは朝鮮民主主義人民共和国社会科学院のお招きで貴国を訪問し、二〇日間にわたって主として農業、工業、教育、医療の四分野を中心に貴国の社会主義建設の歴史と現状を学び、観察してきました。

端的に申しますと、経済の発展がチョンリマ的で驚異的であるというだけではなく、まさしく金日成首相の明晰で創造的な社会主義共産主義についての理論、例えば過渡期についての理論にもとづいて、理論の光に照らされつつ、着実に、社会主義の完全な勝利に向って進みつつあるということ、その完全な勝利の日が一歩一歩近づきつつあるということを実感した、というのが総体的印象です。

次にこの理論に血を通わせているものが、金首相の深い人間愛の精神であるということ、それがすべての職場に浸透しつつあるということ、「一人はすべてのひとのために、すべての人は一人のために」という共産主義的モラルがいたるところで、生き生きと実践されだしていることを痛感しました。技術革命、文化革命の根本は思想革命にあることを強調して来られた金日成首相の指導がこの面でみごとに結実しつつあるということ、そしてそれがチョンリマの秘密であることを感じました。

共同農場をいくつか見ましたが、昔の植民地時代のこの国の農村の様子をいくらか知っている私にとっては全くびっくりするばかりであり、ここに農民の楽土が生まれつつあることを喜びたい気持でいっぱいでした。

工場もいくつか見ましたが、その技術水準の高さ、その管理におけるテアン事業体系の実現、労働者諸君の創造性と革命的熱意の目ざましさなどに目をみはりました。

学校や青少年宮、博物館などの教育施設の完備も驚くべきことでした。

さらに医療制度については全く世界最高のものではないかと思われ、従って社会主義国のなかでも模範的であると思われました。

言語政策にも深い関心をもっていましたがそれが金日成首相の深い思想をもとにして、革命と建設のための言語政策としておし勧められていることに感銘しました。

こうして金日成首相の透徹した社会科学的理論と、限りなく深い人間愛の精神が、今や全共和国へ民のものになりつつあるということ、これこそがこの社会主義建設二五年間の最大の成果であろうと私は思っております。（〈生活教育〉一九七一年八月号、七五〜七六ページ）

あとの四人もそれぞれ話をして、記者会見は終わった。その後、いくらか砕けた質問も出るのではないかと期待していたが、そうしたことはまったくなく、「私はいささかそれが不満だった」と梅根は嘆いている。

いったい、どういう質問を受け、どういう問答を交わしたかったのだろうか。最近の北朝鮮の動向をどのように考えるのか、かつて梅根自身の眼でとらえてきた実態も含めて、いま改めて梅根に尋ねてみたい気がする。

第9章 実験大学の創設と模索

1 大学の創設に取り組んだ和光学園

和光学園校長である春田正治が密かに大学創設について考えるようになったのは、一九六一（昭和三六）年頃のことだった。戦後のベビーブームの波が高校に押し寄せ、和光学園のなかでも高校の比重が急速に高まっていた。高校生の急増を受け、鉄筋校舎の増設も行い、経営もようやく軌道に乗るかに見えた。

しかし、一方では、それまで積み上げて来た和光教育の自壊作用がはじまってもいた。つまり、高校における受験準備教育への傾斜である。新一年の学級増に伴って年毎に高校教師の数は増えていったが、ここでは生活教育論がなかなか浸透しなかったし、いつの間にか、三年生向けの受験準備のための補習授業も行われるようになった。

理想論として言うならば、ことさら受験準備教育をしなくても、平生《へいぜい》の指導の積み上げによって大学入学も実現できるような卓抜した指導をということになるかもしれないが、高校間の格差が固定、かつ拡大され、一流校や二流校では受験準備のための教育体制が高度に技術化されはじめたときである。とりわけ、民主的な人間教育と受験準備教育との間の教育観の違いの大きさを考えると、そのような理想論は成り立つ余地がないことは明かである。

もはや、この問題は高校教師の心掛けや努力によって解決できる問題ではあり得ない。根本的には、この国の高等教育および中等教育が全面的に改編される必要があるが、そのことが実現するまでには多大な時間がかかるであろう。和光は和光で、すぐにも自らの生きる途を探しださねばならない。それには、和光学園が自らの手で自らの教育観にかなった大学を設立すること以外にない。これが、思いつめた結果の結論であった。

現実にどんな大学をつくるかとなると、長年にわたって現代生活教育の建設を追求してきた和光教育の完成段階としての大学、そこに新しい社会の変化発展に対応できる新しい大学を創造するという二つをどのように具体化するかということになる。その際、誰を学長に迎えてこの構想を具体化していくかと考えると、春田には、コア・カリキュラム連盟の結成時から志を共にしてきた梅根悟以外に考えられなかった。

「（前略）春田（正治）君から、どうだろうという話があった時に、ぼくは、それはよせ、と言ったんだ。（中略）いまさら大学でもなかろう。（中略）いったい和光で大学を作ることになんの歴史的な意味があるんだ。そんなことおやめなさいと、ぼくはかなり何回も言ったのよ。しかしとうとう押し切られたわけだな、負けちゃったよ」（前掲『教育研究五十年の歩み』四二五ページ）

梅根からすると、決断に至るにはいくつかの伏線があった。直接的には、一九六二年六月に東京教育大学の学長選挙があり、それに推されて出馬したことである。「Gelt《ゲルト》 oder《オーデル》 Freiheit《フライハイト》?」（銭か自由か）と言われたほど激しい選挙戦であった。

銭派というのは、理学部・農学部など、施設・設備を充実させ、いい環境で研究業績を上げたい、そのために文部省から金をたくさん引き出せるような学長を、ということである。一方、銭よりも自由というのは、文部省に銭を出してもらうのはいいが、それで大学の自治を拘束されたりしてはたまらん、大学の自治と自由をきちんと守れるような学長がほしい、ということだ。もちろん、梅根は自由派の代表としてかつぎ出されたのだが、僅少差で落選した。

勝者となった三輪知雄学長は、これを機に東京教育大学の廃学と筑波大学の新設に向けて強引に舵を切った。もし、あのとき梅根が当選していたなら、筑波大学は新設されず、また和光大学の学長就任もあり得なかったと思われる。

　そういえば、その直後となる一九六二年の夏、日本生活教育連盟の夏季全国研究集会が山中湖畔で行われたが、宿舎での雑談のなかで春田正治が、

「梅根さんを東京教育大学が学長にしなかったのなら、わが和光に大学をつくり、梅根学長＝春田事務局長でいく。どうだ！」

と、「怪気炎」を上げて言われたことが筆者には印象的だった。

1963年、梅根60歳の時（出典：「ながれ――梅根悟先生還暦記念」より）

　第二の伏線は、当時の梅根は日本学術会議の会員であり、学術体制委員会の委員長を務めていたことであった。

　この時期、日本の大学にはすでに大衆化の波が押し寄せており、内外に矛盾が顕在し、改革が迫られていた。教育学研究は、初等・中等教育から高等教育にシフトを移していた。梅根は日本の大学改革における課題をもっともするどく提起し、日本学術会議が大学問題について提言を試

みる際の、文字通りの第一人者として高く評価されていた。

ドイツのシュライエルマッハ（Friedrich Daniel Ernst Schleiermacher, 1768~1834）の『国家権力と教育——大学論・教育学講義序説』（明治図書、一九六一年）を長男の梅根栄一と共同で翻訳しているが、当時、「中世以来の大学の理念史からいえば、いまの日本の大学は転落への歴史を歩んでいる」というセリフが梅根の口から出ていた。

春田は、梅根が日本学術会議において、日本の教育制度が大学改革を迫られているということを積極的に提唱していることを知っていた。それゆえ、梅根の大学論を基軸として和光学園の再創造へ乗り出すことを学園の理事会に諮《はか》った。

理事会のメンバーでは積極的な賛成論はなかったが、表面的な反対論もなかったようだった。ただ、梅根だけは積極的ではなく、むしろ反対をしている。

第三の伏線としては、梅根は研究者であると同時に教育者であり、さらに教育改革の実践者でもあった、ということである。明治以降、日本に教育学者と言われた人は多い。しかし、梅根のような「理論」と「実践」と「運動」という三つの世界にまたがって大きな役割を果たした、いわゆる「ペスタロッチ」的な教育者は少ない。戦後について言えば、コア・カリキュラム運動の指導者や日教組、また民間教育研究運動において梅根ほど大きな役割を果たした人はいない。

この三つの伏線を束ねて考えると、もはや梅根は和光大学の学長を引き受けないわけにはいかなかった。役者にも、出る幕というものがある。一九六六年四月、和光大学の誕生は、梅根の生涯にとっても画期的な出番を意味した。

春田は、高校以下の学園の校長職を丸木政臣（一九二四〜二〇一三）に委ね、自らは和光大学の創設準備に全力を注ぐことになった。

2 梅根が構想した大学とは

和光学園が大学を創設する、しかも学長という責任ある立場でかかわるとなると、梅根も改めて考えざるを得なくなった。そのころに梅根が書いた文章が以下のものである。

大学を作るということは、なかなか大変なことである。大きな教団か財閥がごそっと大金を投げ出して、どうぞご自由に、よい大学をお作り下さい、ということなら、大学作りも簡単だが、和光の場合はそんな金づるは全くなく、これまで和光を育ててきた親たちが零細な金を持ちよって創立資金を作り、それを種にしてやってゆこうというのだから、容易なことではない。金の苦労が大変である。

それだけに、そんな苦労をしてまで大学を作る必要があるのか、ということが当然問題になる。大学なんか馬に喰わせるほどたくさんあることだし、そしてこのところ毎年いくつも新しくできている．そうした何百何十という大学のある中に、和光大学というちっぽけな大学を一つ加えることに、どれだけの歴史的意味があるというのか。〈生活教育〉一九六五年五月号）

このように書きはじめた梅根は、続けて旧来の私立大学には三つの類型があるとして、第一に慶応や早稲田がそうであるように、福沢諭吉（一八三五～一九〇一）や大隈重信（一八三八～一九二二）のような創立者のユニークな人格と不可分の学園を挙げている。そして、新島襄（一八四三～一八九〇）の同志社、成瀬仁蔵（一八五八～一九一九）の日本女子大学、中村春二（一八七七～一九二四）の成蹊学園、澤柳政太郎の成城学園、小原国芳の玉川学園なども、創立者個人の人格抜きには存在理由が成り立たないといった学園であるという。

和光学園もこうした新学校の一つではあったが、和光にはそのような個性的で、いわば絶対主義的、専制的な創立者はいなかった。

第二には、教団が経営するミッション・スクール、それにはキリスト教系など外国系のものと仏教その他国内系のものがあるが、いずれも教団の信仰・思想をもって建学の精神とするものであり、カトリックの南山大学や天理教の天理大学などがその例である。

第三のタイプと呼んでもいい大学もある。いわば単純な金もうけ主義として、また営利事業として学校が創業され、現実に経営されているものである。

以上の三つの型のどれにも属さない、それでも大学を創立するとしたら、そこにどんな可能性があり得るだろうかとして、以下のように書いている。

それはまさに和光学園が戦後歩いてきた道よりほかにはないだろう、というのが私たちの平凡な結論である。和光は創立者の精神を唯一の支柱としているのでもなければ、教団の機関でもない。しかし和光は営利事業などと言われるものとは、およそ縁遠い存在である。

和光はだから、創立者を崇拝する人たちによる寄付援助を受けることもなく、また教団等の資金を受けることもなしに、経営されてきたが、しかし和光は非営利的で、理事長以下の全理事は全くの手弁当による奉仕でその任に当たってきたし、経営はいつも火の車であるが、それでも一学級の子どもの数を四〇人以上にすることはしなかった。

そんな和光学園を可能にしてきたものは一体何であったろうか。それは言ってみれば、そこを職場としている教師たちの、集団としての教育的情熱あるいは教育意欲みたいなものではないだろうか。そこには統一と持続の原動力としての偉大な創立者への崇拝も、教団の教条への信仰も、存在しない。にもかかわらず和光は一つの個性を持っている。その個性は一人の創立者や教団によって与えられたものではなく、そこに働いている人たちの間で、集団思考と集団行動の中での年月の間に、和光はそのような集団的な個性を作りあげてきたし、いわば以上三つの型のどれにも属さない、第四のタイプのしかもユニークな個性と主張をもった私立学校として、成長したのである。

和光が大学を作るなら、この路線の延長線上において、それをつくるよりほかに道はないし、そうすることによって和光大学は、日本の数多くの大学の中にまじって、独自の存在価値を発揮しうるであろう。それまさに教師の集団、教師の組織体としてのウニヴェルシタスである。

教祖的存在の思想に依拠もせず、しばられもせず、また国家の支配に服することもなく、さりとて営利のための事業でもない、ただ学問と教育のすきな連中が集まって集団的に運営している大学、その意味でヨーロッパの中世大学がその始源において示したような、学者教師の集団（ウニフェルシタス・マギストロールム）としての大学の理念を今日において再現したと言っていいような大学、それが和光の大学のあるべき姿ではないだろうか。

和光大学を作ることについての相談をうけながら、私は、そんなことを考えている。〈生活教育〉一九六五年五月号〉

3 和光大学の創設①

最初は、教養学部中心の大学をと考えていたのだが、文部省の設置基準が非常に高く財政的にも大変だと分かって諦めた。人間そのものの総合研究という意味で「人間科学科」としたかったのだが、文部省の学部設置基準にそうした学科名はなく、勧告を受けて「人間関係学科」と改めるなど次々と変更を迫られ、結局、人文学部に人間関係学科、文学科、芸術学科の三学科、経済学部に経済学科の計二学部四学科、各学年定員が三〇〇名という「小さな実験大学」としてスタートすることになった。

一九六六（昭和四一）年四月、初年度の入学生は三七八名となった。予定より多く入学させたのは、もっぱら経営上の問題からであったが、当初構想した少人数制とのズレが一年目から生じた。

整地工事中の和光大学の敷地で。左は当時の理事長、岡田哲郎氏。1965年10月（出典：『教育研究五十年の歩み』460ページ）

創設一年目であれば、誰もが盛大な入学式をと思うだろうが、梅根はそうしなかった。教職員全員に和光大学の教育方針を具体的に綴ったものをプリントして配り、新入生には学長室で、一人ひとり「入学宣誓書」に署名してもらった。ただ、それだけである。

教育方針は、「少人数教育」、「総合性と専門性」、「一般教育」、「プロゼミ」、「国語補正」と「英語補正」、「課外活動」の六項目からなっていた。

「少人数教育」と「総合性と専門性」は、いずれも和光学園の伝統を受け継ぐものであったが、前者は「教師と生徒の間および生徒相互の人間的接触を密にし、また個別指導および小集団指導による行き届いた教育を行なう」ためのものであり、後者は、「教育を狭い専門性への職人教育的とじ込めから解放して、生活との関連における総合的知性の育成をはかること」である。

一方、「一般教育」は、長老教授を含め、「全学の教員が交替しつつこれに当る」べきであり、「初年次から最終年次にかけて、次第に減少させつつも全期間を通じて履修させ」る逓減方式がふさわしく、内容も概論や入門でなく、「具体的な問題に即しつつ、その問題についての現代の学問的アプローチの動向を解明し、それへの関心を喚起する」ようにし、「単なる講義に終始することなく、討論を加味し」、課外講演や共同講義の工夫をして、「真に大学の一般教育の名に価する

（１）　本節の記述は、『ある私立学校の足跡――和光学園四〇年の教育』（明治図書）を参照している。

ものにするために、わが国一般の慣例にこだわることなく、生気に満ちた、力動的な一般教育の実現を期したい」というものであった。

一年生からはじめる「プロゼミ」は専門教育の入り口に位置し、「所属専門学科の研究内容、研究問題等についての興味を喚起し、研究意欲を触発することを主要なねらいとして」、「研究活動そのものを、たとえ幼稚ではあっても、自由に試みさせ」るものである。それについて、梅根は次のように語っている。

「学問的な、創造的な研究活動はこれまでは一部少数のエリートにのみ可能であり、また必要なものであると考えられてきた。しかし、われわれはそうは考えない。学問的あるいは科学的方法によって事実を分析し、問題を解決するという創造的な思考活動は、学者だけでなく、広範な実務の諸分野においても必要なものであり、大学に学ぶほどの者は、まずもってそのような研究意欲と研

1966年春、春田正治事務局長（左）とともに和光大学創設記念の植樹（出典「生活教育」1981年、追悼臨時増刊号）

究能力を身につけるべきであると考える」

したがって、それらの開発を目指すプロゼミは、「他のどの学科目にも増して、大学における必修課程にすべき」重要科目となる。また、高校までの同一基準による一斉教育のために、基礎学力だけでなく、「国民的基礎教養としての国語表現能力の不完全」なまま大学に入る学生のために、コアクラス単位の「国語補正」が必修として置かれた。この授業は、全教員が分担して受け持つことになった。他方、英語力が低くて授業についてこられない学生のための「英語補正」授業が、単位を伴わない自由参加の科目として開かれることになった。

学生の「課外活動」については、スポーツや文化的諸活動によって、「大学がその教育教授の組織によっては十分に与え得ないさまざまな人生経験と教養を得ることができるであろう」と評価する。しかし、どこまでも学生の自発性に委ねるべきであり、「大学の本来の機能や活動の埒外にあるものであって、大学としては原則上、これにタッチしない方針」とした。つまり、全学的企画への「適当な財政的援助」を除いてはノーサポート・ノーコントロールの原則に立つことが明言されていた。

入学式はしなかったが、入学二日目に学生たち全員を集め、一〇〇分間の「学長講話」を行っている。和光大学の授業は一コマ一〇〇分であることを、身をもって示したものでもあった。

　本日ここに集まっている人たちは私をはじめ、教授諸先生も職員も学生諸君も、みんな新入生ばかりであり、この新入生たちによってこれから、新しい大学が創造されてゆくわけでありますから、そこには既存の、でき上がった大学への入学とは全くちがった、有意義な経験が諸君を待っていると申せましょう。およそ一つの大きな創造のしごとに参画し、協力すると言うことは、極めて意義の深い人生経験であり、しかもめったにめぐり合わせることのできないものでありますが、幸いに私たちは縁あってここに新しい大学を作るという一つの大きな創造活動にたずさわる機会を与えられたのであります。

　私はそのことに感謝し、教職員ならびに学生諸君とともに、この和光大学を、日本に数多い大学の中にあって、自らの存在理由を、自信をもって主張しうるような、また社会もそれをはっきりと認めてくれるような、ユニークな大学に育て上げてゆきたいと念願しておるのであります。諸君もどうか、大学に入ったのではなく、大学づくりのしごとに加入したという気持で明日からの生活に立ち向かっていただきたいと思います。

和光大学で講義をする梅根悟

それでは一体ここにどんな大学を作ろうというのか。それは、それ自体これからみんなで考え探求してゆくべき共同の課題でありますが、いささか提案の意味をこめて、私自身のヴィジョンの一端をお話してみたいと思います。

学長講話はここからが本論となるのだが、引用するにはあまりに長文なので、興味ある方はぜひ、和光大学創立二五周年を記念して出版された『新入生に対する学長講話集（一九六六～一九九〇）』（和光大学、一九九〇年）を読んでいただきたい。

ちなみに、以後毎年行われた学長講話の表題は、「自由な学習の場としての大学」「自らの力で創造力の開発を」「大学を知性回復の場に」「与えられた条件を積極的に生かせ」「和光は無流大学」「大学は建物ではなく教師である」「和光同塵」「澤柳先生と和光のつながり」「卒業証書無用論」「私の生い立ちから」「ほんものの教育を探求する大学」などと力点が異なっているが、通して読めば、梅根がつくろうとした大学の全体像が浮かび上がってくるはずである。

『新入生に対する学長講話集（1966～1990）』の表紙

4 思い通りにいかなかった

梅根に誘われ、意欲に燃えて集まった教員たちではあったが、梅根が描いた大学構想を具体化するためには、何度も何度も討議を重ねる必要があった。とりわけ人間関係学科という学科は、当時日本のどこにもない学科で、めいめいそれまでに専門として深めてきた教育学、心理学、社会学をそれぞれどう調和させるのか、また学生をどこへ向けて教育するのかなどを常に考え続け、大げさに言えば、学科のカリキュラムは学科会議ごとに変わるといった状況であった。

一方、文学科は「日本文学」「中国文学」「英米文学」の三コースを設け、それぞれに専門を深めつつ相互にナワバリを打ち破り、互いの専門分野をどのように関連づけ、総合しつつ学ばせていくのかなど、初めての経験だけに苦労も多かったという。

さらに、入学した学生をクラスに編成し、その少人数のクラスで、一年生を相手に担当教授が自分の専門分野でゼミナールを行うという「プロゼミ」にも大きな問題があった。学生からすれば、勝手に配属された教授の専門分野のゼミを「必修」にさせられたのではかなわないという思いがあり、教授の側からも、何をやれば学生たちの要求に添った学びが展開できるか悩みつつ、取りあえずは相互の親睦を図ることを目当てに、毎回ソフトボールをやってお茶を濁すという教授業も初年度にはいたという。

そもそも少人数クラスでの「プロゼミ」であったはずだが、経営のために入学定員を増やさざるをえなかった。当初は三〇人程度のクラスを想定していたわけだが、たちまち四〇人のクラスにふくれ上がってしまった。そんな数の学生が、一つのテーマで研究意欲を刺戟され、発表・討論をしつつ学びを深めるということなど、しょせん無理なことであった。

筆者が金沢大学での充実した一〇年間の生活に別れを告げ、和光大学での新しい生活がはじまったのは一九六九年の四月だった。このとき、日本の大学の多くは旧制の実態を克服できず、新しい大学をつくり出すことができないままでいた。日本大学からはじまった学生運動の嵐はごく短期間に全国の大学に拡がり、東京では東京大学、明治大学などに拡大し、大学としての機能を果たすことができない状態となった。

和光大学は梅根悟を学長とする進歩的な大

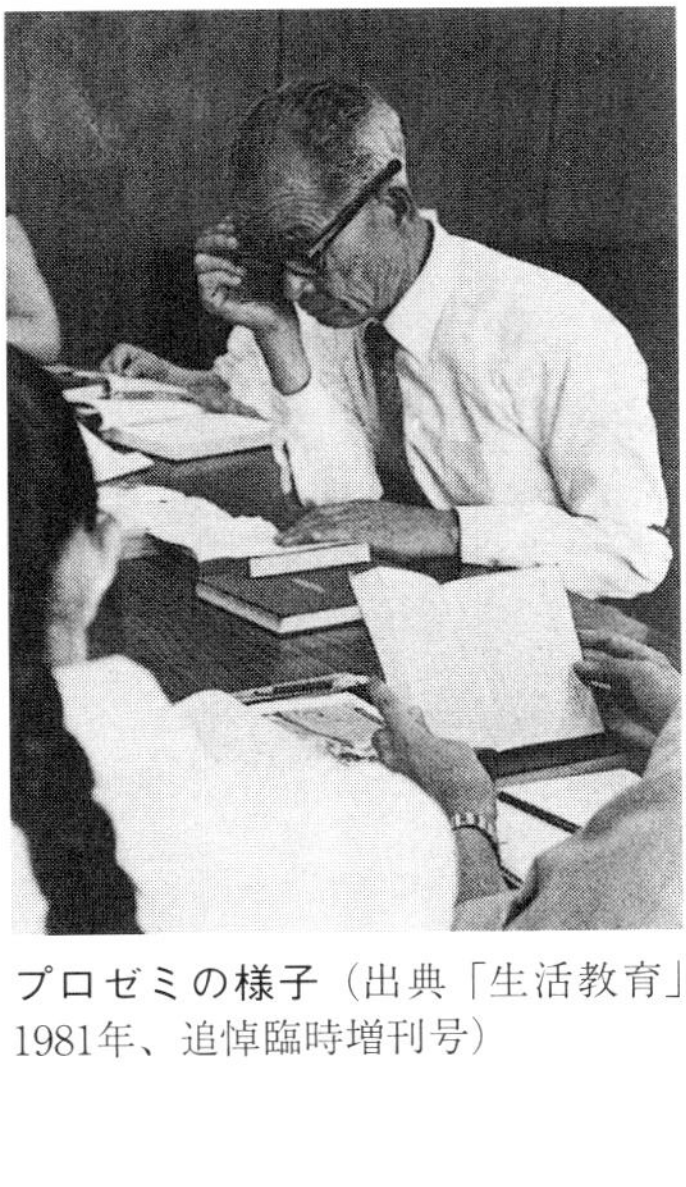

プロゼミの様子（出典「生活教育」1981年、追悼臨時増刊号）

学だから、いわゆる紛争など起こってはいないだろう、という私の期待は甘かった。実は、この春の三月、梅根は戦前からはじまっていたチェコ・スロバキアのコメニウスの研究によって、チェコ・スロバキア政府から「コメニウス章」を受賞され、夫人とともに授賞式に出席したということも私の耳に伝わって来た。だから入学式には、全学的にコメニウスについての梅根先生の特別講演も聴くことができるかもしれない、とひそかに期待していたが、そんなことは夢のまた夢であった。それどころか、「学長室」さえ一部の集団によって「占拠」され、入学式の学長講話も中止させられたというのが現実だった。

およそ一か月、そのような異常事態が続いた。多くの大学では、機動隊を導入してこうした学生を力づくで排除したが、梅根はあくまで話し合いでの解決に執着した。

筆者もこの間、学生と話し合い、彼らが和光大学に入学したことを今後どのように活かすかという課題を中心に、さまざまな課題についての話し合いに努めた。彼らのなかには「退学」を希望する学生もいたが、筆者の説得によって思い留まり、和光大の魅力を発見して卒業できた学生が少なくなかったことは幸いだった。

一年生の学生に「プロ・ゼミナール」をやるのは初めてで、どうやっていいか、学生も分からないし、教員も分からない。私の所属した人間関係学科は、教育学と心理学と社会学を含む総合学科だから、教育学を学ぼうという学生だけではなかったのだ。

そんな状況のなかで最初の一年間どうやったかというと、一九六九年度はテーマを「歴史と個人」とし、一回目は「プロゼミとは何か」、二回目は「大学立法について」、三回目は「プロゼミの共通課題について」、四回目は「運営方法について」、五回目は「再び大学立法について」、六回目は「クラス雑誌の編集について」、七回目は「学内外の暴力問題について」を行い、ここで夏休みとなった。

そのうち秋になって、一人の学生が「私と児童文学」について発表した。この学生は、児童文学について研究していることを発表したい、今までのプロゼミに飽き飽きしたということで、積極的に問題提起を買って出てくれたのだが、この報告後、間もなく退学していった。

そして、九回目は「現代の終焉」について、一〇回目は「大学の近くの代官屋敷の見学」、一一回目は学生大会が入って休みとなり、一二回目は「学生自治論」、一三回目は「私の大学論」、一四回目は「カリキュラム問題」、一五回目は「プロゼミ総括」を行った。これで一年が終わったわけだが、何をやったか自分でも訳が分からなかった。

初めは三〇人位が出席していたのだが、途中で「先生、評価はどうするのだ。あなたに評価能力はあるのか。単位制度の矛盾をどう考えるのか、評価能力のない教師に評価ができるのか。そのことの矛盾を中野さんはどう考えるか」というような質問があって、正直なところタジタジとなった。「自己評価しなさい」と言ったら、今度は堂々とサボる学生が多くなり、最後のほうは出席率が三分の一ぐらいに落ち込んでしまった。

二年目も、三回目を終えたころには出席者が一〇名を切ってしまった。もっぱらヤジを入れることを趣味にしていたG君が、「先生、このごろプロゼミ、パッとしませんなあ。私が出席率をよくしてあげましょう」と言うから、「頼むよ」と返したら、「じゃ、今度は僕がレポーターになる」と言って、革マル派の学生の看板の横にデカデカと大きな「中野プロゼミへ参加を」という立て看板を出した。その主題は「フリーセックス論」で、「講師G・J」と記されていた。

大勢集まってきた学生を前に堂々と彼は教壇に立ち、初めから終わりまで、学生は真剣に、時には爆笑しながら議論していた。

その後も、「中野先生、もう教師やめたほうがいいよ。次回も私がやりましょう」と、恋愛論などを二、三回やってくれて夏休みとなった。秋にはもうこのG君はおらず、私が出ていくと五、六人が雑談をして時間を潰すだけということで、事実上、プロゼミは解体をしてしまった。

これが、一九六九年から一九七〇年に至る筆者のプロゼミの現状だった。梅根学長が掲げた方針のなんと立派なことか、そして、現実のなんと深刻なことか、という状況だった。

もちろん、こうした状況は筆者のプロゼミだけではなく、他の教員たちもそれぞれ問題を抱えており、プロゼミの形骸化、解体化を救うべく教員たちで討論を繰り返した。その結果、コアクラスを基礎に担任教員が指導教員を務めるのではなく、それぞれ自分が掲げたテーマについて丁寧なオリエンテーションを行い、学生にはそれを聞いたうえで、どのプロゼミに参加するかを選択してもらうことに改めることになった。もちろん、梅根も同意したうえでのことである。
こうして筆者のプロゼミが、学生とともに学ぶ文字通りのゼミナールになったのは「『戦没農民兵士の手紙』（岩波新書）を読む」を主題にした一九七六年度からだった。(2)

さて、めったに弱音を吐くことのなかった梅根だが、創立後一〇年を経た段階で、ベートーベンの有名な『ドウルヒ・ライデン・フロイデ――苦悩を通じて喜悦を』の言葉を借りて、次のような文章を書いている。

苦しみと悩みは何よりも予期しなかった緩慢インフレの襲来と進行、そしてその突如の急テンポ化であった。そうしたことの予想をしないで創立された和光大学は、創立間もなく、その直撃をうけて、苦悶し、その理想は挫折に瀕した。何もかも駄目になってしまったとまでは言わないが、何もかも駄目になりかかった。建物は建たない。教職員の給料は上げられない。学

(2)　プロゼミがどのように進んだのか、そのなかで学生諸君がどのように学びを深めていったのかについての詳細は、拙著『学校改革論』（青木書店、一九八二年）のなかの「私とプロゼミ」を読んでいただけきたい。

生納付金はもともとより少し高いくらいだから、上げたくない。となると、残るみちは水まし入学だけである。だからそれをやって一時をしのいできた。それにも限度があって、とうとうしのぎ切れなくなり、学費の値上げにふみ切ったが、それも石油ショック以前の、そんなことが起るとは夢にも思っていなかった頃の計算によるものだった。だから和光の財政は今でも甚だ苦しい。まさにライデンだ。そのために、「少人数教育、少定員大学、自由で個性的な研究と教育と学習とが花開く花園」といった夢はあえなく消えかかった。

だが、それは消えてしまったとは思わない。和光大学はこの一〇年間、そうした中で苦しみ、悩みつつ、考え始め、苦労の中での前進をつづけてきたのではないか。そして一〇年たってみて、多くの諸君が、この一〇年間はただの苦しみ、挫折だけの一〇年ではなく、苦しかったが、それだけに楽しかった一〇年だった、「苦悩を通じて喜悦の一〇年だった」と感じてくれているのではなかろうか。何もかも思う通りに

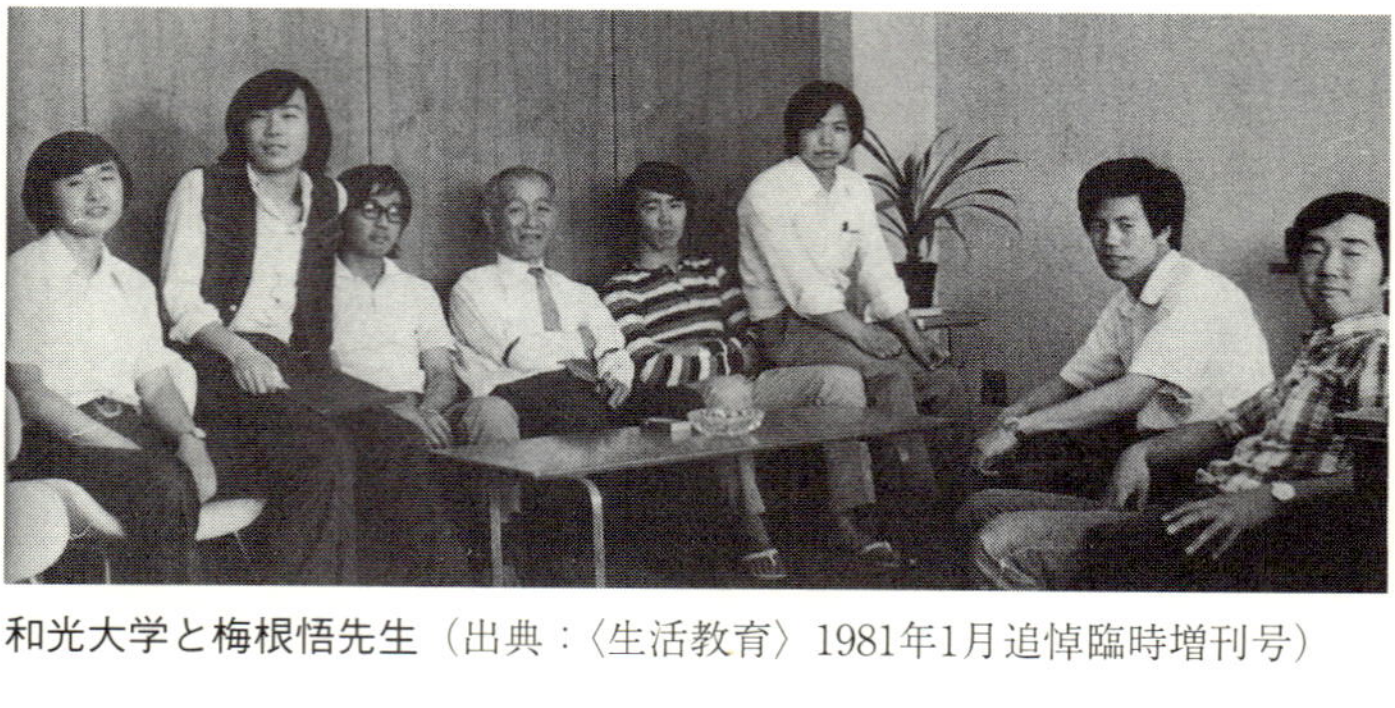

和光大学と梅根悟先生（出典：〈生活教育〉1981年1月追悼臨時増刊号）

―は行かなかったが、それなりの前進はあったのではないか。(3)

梅根の足どりは次第に重くゆっくりなものとなった。一九七六年、静岡県伊東市で開催された日生連夏の全国集会が最後の参加となったが、委員長として開会の挨拶に登壇したとき、手すりのない階段であったため、両手を使って這い上がるようにして登壇した。

「病気じゃないんだ。年齢にふさわしい老化現象だ、と医者もいってくれているんだ」と、何度も口にしていたが、やがて板橋区の病院に入院した。二〇一八年三月に和光大学を定年退職した梅原利夫が、一九七九年、和光大学に赴任の挨拶と見舞いを兼ねて病院を訪れたときにはかなり衰えていたという。それでも、病床の壁には平仮名の五十音表が貼られてあり、その横には紐にくくりつけられた指し棒がぶら下がっていた。

「この巨匠が、言語機能を回復させるべく病室でリハビリに励んでおられる姿を想像させ、ぐっと身近な存在に感じられた。亡くなる一年前のことである」

と、梅原利夫は『人間を捜す旅』（つなん出版、二〇〇七年、五九〜六〇ページ）に書いている。

(3)　梅根悟『教育断想　歴史に生きる』あゆみ出版、一九八二年、一七五〜一七六ページ。初出は『和光大学通信学生版第六号』一九七五年四月。

5 生きている梅根の理想

梅根が亡くなった直後の一九八〇（昭和五五）年の春およびその翌春に、人文・経済両学部教授会は合同合宿研究会を行って、和光開学の理念は何であり、今後どうすべきかについて集中的に検討し合っている。

研究会後に出された「まとめ」の文書には、今後の取り組みとして、「一〇年くらいの長期展望を持つべき面」に「まず、大学の中核である『自由な研究と学習の共同体』とは何か、を考え合うこと」を挙げ、次に当面の具体的方策を要する部分として、「学生実数を定員に近づける少人数志向」および「教学の基本方針、開かれた大学」の三つについて提案がされている。

まず「少人数制」に関しては、梅根の言う人間的な接触や個別指導のためにのみあるのではなく、共同体を「内実あるものとする適正人数」、つまり「プロゼミに始まり、ゼミでの課題追求から卒論・卒制に至る年次を追っての研究・学習の深まり」にも、それを「支える基礎学習としての語学や諸講義」にも、それぞれに応じた人数とその上限があるはずだ、と指摘されている。

梅根がもつ学生像の「かなり楽天的な前提」に対しては、「十五年を経たいま……残念ながら疑問を呈」し、「現在の学生の中には……いわば学問や創造に対する基本姿勢を欠く者が少なくない」実情をふまえて、①入門課程の見直し、②年次を追っての研究・学習の深まりを有効にする方策、③受講制限の可能性の検討を提案している。

そして「開かれた大学」については、「開学後まもなくから、障害者、異民族、社会人等の入学希望に対して門をとざしたことはない」経過をもとに、さらに「できるだけ社会に実在するさまざまな層・条件をもった人々を受け入れる」姿勢での入試の再検討と、「本学の研究・教育内容が社会にむかってひらかれる」第二の面こそが追求されねばならない、としている。

ここから読み取れることは、和光大学の現教員たちが、梅根の遺した理想というよりも、挫折してもなお大学のあり方を求め続けることの初志を少なくとも当面は放棄しないという共通意志の確認である。しかも、梅根の敷いた路線をそのまま継承するのではなく、改めていくつかの具体的角度から検討し直して、今後の方向を見定めるべく集団作業を開始した、という事実である。とくに「自由な……共同体」そのものを論議の対象に据えたことは、梅根の大学論に直接メスを入れ、自分たちの目で見直そうとする決意の表れと言える。

同年五月、人文学部教授会はこの討論を実行に移した。その「まとめ」によれば、「ポイントは、『共同体』が静止し、固定したものでなく常に流動する無形の『運動の共同体』であるべきだ、ということだろう。……常にあり方を模索し続けるゾルレン」とし、したがって、「試しにつくってみた『実験』大学ではなく、不断の『実験』をつづけるのが、本学の存在意義と考えられる」

と結んでいる。（4）

こうして和光大学は、その後も四年ごとに『和光大学の教育と研究』を作成し、自己点検をくり返しつつ理想の実現を目指して歩み続けている。

今でこそ、文部科学省も大学教師の教育力量形成を各大学に要求するようになっているが、和光大学では、一九八〇年代に早くも「入門期教育の実践的研究」グループを組織し、互いに授業を見て検討しあったり、他大学の教育を調査したりして大学教育・授業のあり方を研究し、その成果を次々と発表してきた。その仕事内容は、以下のような記録においても明らかである。

・和光学園の教育実践シリーズ5『大学教師の実践記録　和光大学の場合』明治図書、一九八四年

・『大学の授業研究のために』あゆみ出版、一九九〇年

・「大学における授業研究（2・3・4）」『大学教育の新しい展開を目指して』星林社、一九九二年

・和光大学授業研究会『小さな大学の大きな挑戦――語り合い　見せ合い　大学授業』大月書店、一九九六年

・自己点検・自己評価委員会『和光大学の教育と研究』第7号（二〇一五年度～二〇一七年三月）二〇一七年

6　和光学園に学んだ人びと

和光大学は、開学二〇年をすぎた一九八六年一〇月一日、「いま、わたしたちは――和光大学卒業生だより（一九六六～一九八六）」という冊子を制作している。その巻頭「刊行にあたって」という見出しのもと、梅根の跡を継いで二代目学長となった藤井清が次のように書いている。

「関係者はご存じのように、本学ではこれまで大学として卒業生と組織的な連絡をとることをあまり考えませんでした。二年ほど前に、梅根記念図書館建設のための寄付をお願いしたのが唯一の例外かもしれません。しかし、かつての在籍者がこれだけの数に達し（一万二〇〇〇人強）、初期の入学者ならばまさに社会の中堅層として活躍している時期になりました。本物の人間を創るための教育を模索しつづけてきた私たちとしては、この大学で何かをつかみとっていかれたみなさんが、その収穫と現在とをどう結びつけておられるのかは大きな関心事でもあります。そこで先ごろから事務局が中心となり、教員の方からの推薦も手がかりとして、卒業年次、在学時の専攻分野、現在の活躍場所にできるだけバラエティーをもたせる点にも配慮したうえで、連絡の

（4）安永寿延「梅根大学論の問い直し」、『和光学園五十年』（第二部）和光大学、を参照。

つくかぎりの方に、いわば活動状況の報告を中心とした寄稿をお願いしてみました」

何と、この冊子には一〇五名にも上る人びとが寄稿をしている。物故教員による「思い出の記」なども掲載されており、「和光大学通信・別冊」として編集されたものである、と書かれていた。さらに、「教員にとっては、これまでの教育の手応えが感じとられ、今後の大学のあり方を考えるための貴重な資料になりました。また、学外の方には本学の特質を理解していただくための格好な資料にもなると思います」とも書かれている。

まさに、梅根の遺志を受け継ぐことにもなるこの冊子から、数名の投稿を紹介していきたい。なお、在職などは当時のままとした。

今も昔も変りなく——村山士郎（一九六七～一九七〇年、人文学部人間関係学科［編入学］。大東文化大学文学部教育学科助教授。教育行政を担当。神奈川県相模原市在住）

大学を卒業してもう何年になるのだろう。あまり考えたこともない。一九七〇年三月の卒業だから一六年をむかえようとしている。そのあと大学院で一〇年ルンペンのような生活をしていたし、学生時代が、和光大にくる前から数えると一七年もあったので、どうも和光時代の印象が弱くなってしまう。

今、なにをやっているか、と聞かれれば、その一七年間を延長したような大学生活を送っている。お金を出して学ぶ立場からお金をもらって教える立場に変わっただけのことであり、自分の意識のなかではあまり大きな変化がない。その分だけ、大人にならずに、いまだに、学生と合宿にいったり、コンパをしたり、本を読んだりする生活を送っている。

研究をし、文を書くのはもともと好きなことなので、教育に関しておもしろいと思ったことをまったく自由に――自分勝手に――選んであれやこれやと発言することもしはじめている。

当時、同じ学年やクラスで学んだ方々は、今どんなことをしているのか、知ってみたい気にもなるが、そういうことをだれもいいださないところをみると、それぞれが自分の今の仕事に力をそそいで充実しているからだろう。どなたかこの雑文が目にとまりましたら、もうそんなに若いとはいえないあなた、からだを大切に！

「いま、わたしたちは」の表紙

久しぶりに本づくりの話をした――山川しげみ（一九六六～一九七〇年、人文学部人間関係学科。株式会社西部タイム編集局の書籍部長。東京都在住）

桜の花が咲きました。あっというまに六分咲き。電柱さえ無視すれば、隣家の桜で花見の気分。酒が旨い。いやいや、酒は、桜の花が咲かずとも旨いのです。

一昨日、日曜ラグビーの終了後、決まり切っての呑み食い会。風邪のためとおぼしき胃痛に負けて、一〇年ぶりに丸々五日も断った酒。最初のビールがのど元を越したとき、その快感に打ちふるえたのでした。

昨晩は、デザイン事務所G舎のS氏とHさんと、ついうっかり深夜まで、お湯で割った麦チュウ。そう、久しぶりに、「本作り」の話をしたのです。本が売れない売れないと言いつつも、やたら本を作りたがるのが、私たち編集屋なのでしょう。売れないから、売れるかもしれないけれど売りたくもない本を作って、売りたい本を作れなくしているのが、私のようなサラリーマン編集屋なのかもしれません。

というわけで、錆びついた頭をタタきつつ「本作り」の話をサカナに、ろれつの廻らなくなる酒がいちばん旨いのです。

同僚のK君がG舎に、家族のカットを頼みました。G社のラフラフを受けとったK君は、〝お母さんをもっと細面に〟と注文をつけて戻しました。G舎は細面にせずに次のラフを送ってきました。K君は、〝細面になっていない〟とつぶやきながら、その画稿を印刷所へ入れたのです。

G舎のS氏は言います。「Kさんがなぜ細面にしたかったのか、不明。だから直さなかったよ。だって、アレがいいと思うから描いたんだもの」と。K君はきっと、「俺は太った中年女はきらい。きらいな女を描いたカットは、俺が作る本には載せたくなかった」のです。でも、K君にとって、その本は、G舎に〝俺、きらい〟を伝えるほどにはこだわりのない本だったのでしょう。

昨晩は、S氏とHさんと、たくさんの話をしました。したがって、たくさんの結論が出ました。そのひとつ、「山川さん、明日にでも、こだわりに思い切りしがみつきあってぶつかる本作りを、いっしょにしたいね」

貴重な体験を活かしたい——田辺邦夫（一九六八〜一九七四年、人文学部人間関係学科・人文学専攻科教育学専攻。埼玉県川口市在住）

私は、昭和四三年に第三回生の一人として、人文学部人間関係学科に入学し、昭和四九年に同教育学専攻を卒業いたしました。入学当初からの念願がかなって梅根先生のゼミに参加しペスタロッチの原書やルソーの『エミール』の講義を聞くことができ、たいへん幸運だったと思います。先生の厳密なドイツ語・フランス語の訳、生き生きとした事例を引いての解釈、コンパの時のやさしいお話ぶり等、懐しく思い出されます。

卒業後、友人たちいっしょに、東京都や周辺の県の教育委員会に、盲人の「教員採用試験受験」を認めさせ「盲人教師採用の可能性」を見い出させる運動をしてまいりましたが、残念ながらまだその実現をみていません。盲児を家から通える地域の学校に入学させる運動にも少しかかわりました。その間、昭和五三年の四月から三年間、和光高等学校で英語の非常勤講師をさせていただき、私にとってもたいへん貴重な体験となりました。こうした運動をとおしわずかに入手した外国の資料なども読み（三橋ゼミで、ユネスコ発行の盲教育に関する本も参考になりました）、欧米の盲教育の事情に関心と興味がつのり思いきって、昭和五六年渡米留学を決意いたしました。

サンフランシスコのカリフォルニア州立大学特殊教育学部修士課程で学びながら、盲学校や盲児のいる公立学校で研修することができました。米国では「すべての障害児に適切な公教育を保障する」という法律の下で、教育の行政や実践が、問題をかかえながらも模索されている印象を受けました。

レクリエーション活動や盲人団体に参加して多くの盲人や晴眼者たちと友人になれましたし、経済的には主に日本人のお客を得て、あんま、マッサージのアルバイトができ、四年半のサンフランシスコ生活をなんとかもちこたえることができました。

今、日本食の旨さと風呂のあたたかさを味わっているところですが、これまでの体験を活かした仕事を始めたいと思っています。

学窓の青春、友情汗と涙あり――大山三起雄（一九六八～一九七二年、経済学部経済学科、大山商事株式会社、株式会社龍天江、株式会社イン・ユニオン、小銭すし福島県本部を経営。福島県郡山市在住）

大学の時、経済学部に在学しており、アメリカンフットボール部に所属しておりました。卒業してもう一五年になりますが、いまなつかしくきのうのように思い出されます。

私の会社は、大山商事株式会社（ビル・マンション経営管理）、株式会社龍天江（中国レストラン）、株式会社イン・ユニオン（企業の経営診断、経営受託）、小銭ずし本部（加盟店四〇店）と、四社から成る企業であります。今年度は、第二マンション建設、（株）イン・ユニオン仙台支店開設があり、毎日忙しく動いております。

大学を卒業してハワイに無銭旅行をしました。親には大成功して戻るよ、と言い残し日本を発ちましたが、夢ははかなく消え挫折して日本に戻りました。お鐘がなく過ごしたハワイのことは、いま事業をしていくなかで自分にとってはすばらしい経験となっております。

それからサラリーマンになり三社を転々しましたが、どうしても自分で事業をしたい気持で二六才のとき冷暖房工事の設計施工の会社を起こしました。が、みごとに大失敗、サラリーマンに逆戻り、悩みに悩んだ時期でした。

自分の考えを通す、そして負けたくないという一心で二八才のとき勝負に出ました。今度はぜんぜん畑違いでした。すしチェーンの本部の権利を買い、ほんとうに働きました。頭も体力もフル回転いたしました。店はどんどんふえ、福島県内最高時は四五店出店いたしました。これが軌道にのり大成功。この間、ビル・マンション業の方も第一、第二ビルと建設し、これも軌道に乗りました。つぎに中国料理の大型店龍天江を開店しました。この龍天江が問題が多く五年目でようやく軌道に乗りあげました。私は常々社員に辛抱、辛抱、ということを話しておりますが、ほんとうに辛抱の五年でした。(株)イン・ユニオンは現代のビジネスで、今後増々発展すると確信している会社であります。

いま頑張れるのは、学生時代、机のうえの勉強と同時に、机以外のところで友人たちと汗を流し涙を流して語り明かしたことが、大きな自信、財産となり、自分をささえているのではないかといま思うのであります。私は東北を代表する財界人になるのが夢であります。大学で教えられた大陸的な考え、人と人との出会い、そして友情、思いやり。これを忘れず大事にして今後の人生を進んで行きたい。ぜひ、郡山へおいでの折はお立ち寄りください。

最後になりますが和光大学の増々の御発展を心から御祈念申しあげ終了いたします。ありがとうございました。

強い信念と小さな勇気――江田　稔（一九七二～一九七六年、経済学部経済学科。仲間と株式会社名古屋カービーを経営。愛知県名古屋市在住）

私の会社は「名古屋カービー」といいます。カービーとは、アメリカにある多目的な電気掃除機をつくっている会社の名をそのまま社名にしたものです。この機械は絨毯、カーペット、フロアーの掃除もすれば、そのポリシングやシャンプークリーニングもやるという機械です。私たちの会社は仲間四人で一年前に創業したばかりの若い会社です。私が代表者になっています。実はこの機械が日本に入ってきたのが一年前、つまり機械が日本に来た直後に、これを独占して買い入れた商社「高島」にとんでいって販売の契約を結んだのです。「高島」は二部上場の会社です。売値が一台二九万八千円というちょっと高い機械ですが、一〇年以上使えるのでそう高くはないと思います。すべて訪問販売で業務用と家庭用の両方を扱っています。

会社をやってみてつくづく感じることは、強い信念が必要だということです。会社は吹けば飛ぶような零細企業で、最近はまた円高不況のあおりを食って大変ですが、そんななかで頑張れるのは信念があるからです。

この信念は和光大学に在学中、培われたように思います。私の入学のころは学内では、安保粉砕、大学解体と叫んでデモの嵐が吹き荒れました。私は、なんと凄い大学に来てしまったと思ったものです。十数時間に及ぶ生協総代会やセクト間のこぜり合いがありました。春田正治先生が大怪我をされたのもこのときです。たいへんな時でした。しかし、今思うと、みんな信念というものを持っていました。最近はこの信念をもった若者があまり見られなくなったように思います。自分で、これだという目標を見つけて、勇気を持って進むことが必要です。私は一〇年前に大学で培われた「強い信念と小さな勇気」を今後も持ち続け、ほんとうの意味で幸福な社会の創造のためにみなさんと頑張りたいと思います。

7 退職後、卒業生にインタビューした教授

二〇〇〇年三月、学部長をはじめとしてさまざまな役職を務めたのちに定年退職した石原静子（一九二九〜二〇一〇）は、全国に散らばる卒業生たちを訪ね歩き、その報告書を『自分らしく

のびのび生きよう　こんな先輩たちがいる』として、五冊にまとめて自費出版した。そこには合計五九名の人生が、さらに「その後を訪ねて」や「その後の便り」といった冊子までを合わせると、一〇〇名近くの卒業後の人生が描かれている。

石原は、「和光大学は『実験大学』を志したので、それが卒業生たちにどう実現しているかの『社会的検証』になる」はずということ、そして、「後輩たちが自分の道を選び生き方を考えようとする時の参考になる」という二つを狙いにしたと言っている。掲載されている大勢のなかから一人だけの紹介になってしまうことは残念だが、以下で紹介しておきたい。

石原静子（出典：『「小さな実験大学」の発掘者　追悼石原静子先生』115ページ）

まちおこしで全国に友達ができた――舘野操子さんの場合（一九七五年芸術学科入学50A319）

二枚の名刺

例によって仕事の場で会いたい旨電話して、「一時間くらいだから昼休みでもいい」とつけ加えた。普通の会社勤めだと、勤務時間中出ることもこちらが入ることも難しいからだ。とたんに駅で午前一一時との指定があまりにあっさり来たので、ちょっと驚いたくらいだ。

「六、七分歩きますけどいいですか」と先に立ってさっさと歩く。「お仕事途中で出ても大丈夫なの」と聞いたらあっさり、「私が一番先輩ですから」。入学年度を聞けばなるほどだが、それにしてもさっそうとしている。

都心に近いビルの六階、小じんまり「ママ」とした事務所はコンピュータ卓と衝立で一人ずつの城ができていて、勤務中は若い三～四人。やはり衝立で囲った応接・会議コーナーにおちつくとすぐ、彼女は名刺入れから二枚出して私の前に並べた。氏名と会社名は当然同一だが、肩書きが全く違う。一方は「街づくり総合研究所・主席研究員」とあって、「電源地域振興センター専門家」ほか長い名の協会・研究会の委員名が並べてある。もう一

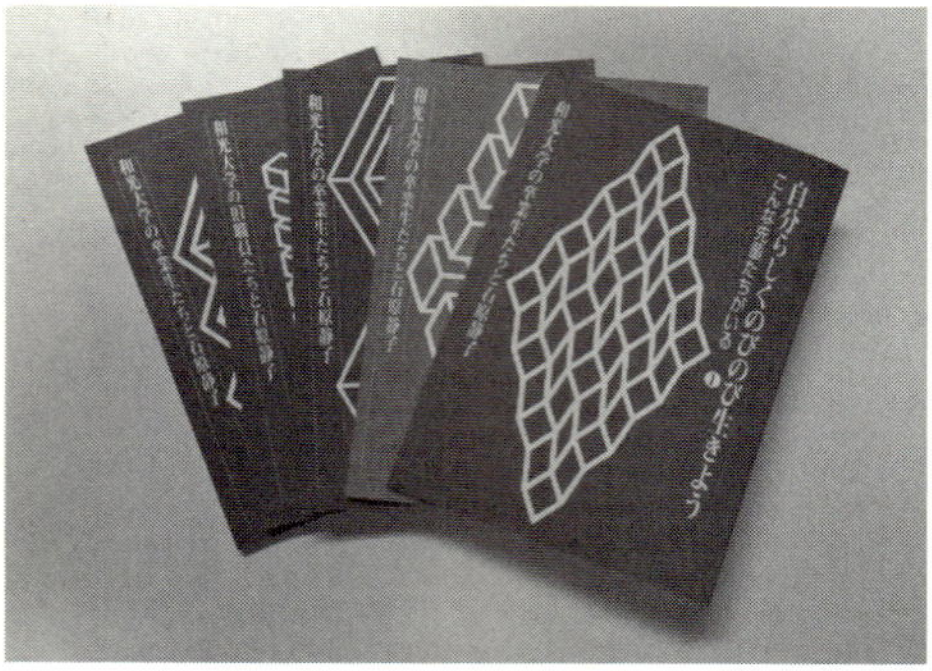

『自分らしくのびのび生きよう　こんな先輩たちがいる』の表紙

方の肩書きはドキュメント云々で、一人から二枚以上の名刺をもらったのは珍しい経験だ（稀なもう一例はネパール人ガイドに、某省公務員と日本語学校教師と合わせて三枚もらったことがある）。全く違う二つの仕事のどちらも中心人物で、従って会社自体も二つの顔を持つのである。

「会社案内」のコピーと説明によると、この社は河出書房の全集（文学・美術・音楽）企画・編集部門が一九六〇年代後半に独立し、さらに二分割した企画部で独自に地域振興研究を始め、九一年に両面を持つ新会社にした、という経過らしい。彼女も本のデザイン時代に入社し、やがて街づくりに関わるようになり、新会社では社長に次ぐつまりは両面を司る役割となった。「その時どきの仕事が会社の流れの中でつながって、いつのまにか点が線になったというところでしょうか」と淡々と語る。

刻々現代を映すマニュアル作り

二枚目の名刺にあった「ドキュメント」は、会社としても個人としても古い方の仕事である企画編集・制作のことだ。ところが現実は古いどころか、コンピュータに始まりケイタイへと飛躍する、日進月歩のマニュアル作りが中心という。学生時代はまだコンピュータも一般化していなかったから、爆発的に諸領域に浸透し始めた情報機器の販売競争にいきなり直面して、大いに面くらった。マニュアル制作には本体を知らなくてはどうしようもない。よくわからないからと役割交替して逃げることもできたのだろうが、彼女はそうせずに、正面からとりくんで一から学び、四苦八苦しながら短期間でマスターした。

次はケイタイの登場と進化である。持ち運びできる電話にすぎなかった草創期から、またたく間にあれこれの機能がついて、マニュアルを始終作り替えなくてはならい。大手の電話会社と契約していて、年四回作り直すとは、めまぐるしく変わる現代の先端らしい仕事ぶりだ。機器につける購入者・使用者のマニュアルだけでなく、一般向けの関係雑誌も作る、と見せてくれた。前者は次々と替わるマニュアルの分厚いファイル、後者はいかにも若者向けの派手な色刷りでイラスト満載のケータイ［ママ］遊び本だ。別冊で定価四八〇円、とあるから市販本で、奥付に小さく編集長として彼女の名が載っていた。

さらに面白い話が続いた。ある会社で、社員の出張や出欠勤、有休などを一瞬に処理し一覧でき、会議の場所やメンバーなどを常に把握し整理できるソフトを開発中で、その相談にのっている、やがてマニュアルも作り諸職種・諸会社にかなり共通なものとして売り出す計画がある、というのだ。まだ極秘かもしれないが、多量の紙と決裁書類の山に埋もれるどこの現場でも、必要とし思いつきそうなアイデアゆえ、遠からず実現と爆発的普及に至るかもしれない。これも現代の先端をゆくゾクゾクするような仕事である。

各地のまつりのシナリオを書く

　もう一本の柱である街づくりの方でも、面白い話が次々出てきた。一〇数年前のふるさと創生事業あたりから、国が地方自治体にさまざまな名目で補助金を出すやり方が定着した。中でも発電事業は、ダム作りにせよ原子炉を据えるにせよ地域への影響が大きいから、住民の同意を得る過程、着工から完成までの間、さらに後始末の二〜三年と、補償や補助金はかなりの額になる。国は現金をただ渡すのでなく、地域おこしとなる計画提出と事後の報告とを求め、市町村はアイデアはあっても経験・ノウハウに乏しいことが多いから、国があらかじめ登録させておいたコンサルタント組織の中から指名して、指導助言を依頼する。五〇〇社もの登録の中にこの会社も入っていて、年に数件、時に数年がかりの仕事が通産省・自治省（現在の経産省、総務省・筆者注）等扱いで回ってくる。自治体の方も応分の出費が必要ゆえ、財政緊縮の昨今計画は縮小ぎみだが、このしくみは簡単にはなくなりそうもない。

　町や村が上からのカネを前にしてまず思いつくのは、この機会にふるさとまつりの類を派手にやって地域を活性化し、見物客や都会からのUターンをふやそうというイベントで、人寄せに一般受けするタレントを呼びたがる。現地に行って相談に応じ、計画を練り直し、実現となったら当のタレントの事務所にかけ合ったり、当日は舞台の出入りから花火を上げるタイミングまで、分読み秒読みのシナリオ作りとその実行だ。「学生時代演劇をやってたし絵もデザインも一応できますから」、町や村にとってまことに貴重な助っ人で、成功すれば一緒に喜べるし、同じ季節のまつりがその後ずっと続いたりもする。

子どもたちのスポーツ振興を願う自治体だと、女子バレーの選手やJリーグの人気者に声をかけて、当日は美技の披露やコーチ、体験談などをしてもらう。誰それのボールを僕が受けとめた、と大喜びの少年たち。あるときは彼女の企画で、介護犬をメインにしたことがある。車椅子も見かけないような田舎で、しかも介護犬は盲導犬ほど知られていないから、車椅子の人が犬と共に来て、犬が電話が鳴ると受話器をとって主人に渡したり、冷蔵庫をあけて命じられた物をくわえてきたりするのを、皆驚嘆して見物した。タレントや人気選手の派手さはないが、こうした事柄に人びとが気づきめざめる手助けになったと思う。和光大学で障害を持つ友人たちとつきあった体験が、生きたようだ。

その一方で、嫁の来手がない過疎の村で、集団見合いをぜひにと望まれて、往生したこともある。若い女性を一五人連れてきてくれとのたっての注文で、そんなに集まるわけもなく、あとのことは全く自由にと言質をとって、学生を連れていったが、あまり後味のよくない農村喜劇である。

市町村が望み国も好むもう一つのまちおこしジャンルは、当地域特産品の奨励と販路拡大である。例えば同じ青森県で、ある町はホタテの養殖と全国への販路開拓、別の町では新工夫の菓子を有名にしようと、東京へ持ちこんで菜の花娘が配り、マスコミの話題になったりする。彼女が関わって今三年目の企画は、滋賀県の小さな、他と同様高齢化が進む町で、彼らに生き甲斐をと望む町当局と相談して、茶花つくりを推進しているという。お茶の席で素朴な花瓶に挿す一輪の花のことで、楚々とした野の花がふさわしいが、バラなど派手な花の多い普通の花屋では却って得られないのだ。山野草の専門家を捜して指導にきてもらうなどして、熱心な老人一〇人ほどが中心となり、栽培と販売が軌道にのりそう、という。

イベントや特産品作りの世話もいろいろと苦労だが、報告書作りがまた一仕事だ、と実物を数冊見せてくれた。表や図入りでかなり厚手、この少人数でどうしてこれだけの仕事をやれるのか不思議だ。答は学生アルバイトの活用だそうで、それも素人でなく例えば立教大学の観光学部と大学院の学生だと、地域調査やマーケティング、街道の研究など各自の経験と関心を生かして主体的にやってくれるし、次々後輩に伝えて系統立った協力が成り立っているという。いい話だが、そうした学生院生を指揮して彼女が大きな仕事をまとめていく姿を思うと、いっそううれしくなる。

こうして全国各地で仕事をし、物によっては数年つきあうから、あちこちに友達ができる。田舎に取り残された形の老人たちは、都会からきた若い仕事人の女性を珍しがってあれこれ話したがり、娘のように親しんで、米や海産物などを送ってくれたりするのが楽しい。他方で初期の頃一緒に仕事をして一〇年もつきあっているまちおこし名人もいる、と心から楽しそうに話した。

小さな町小さな大学の誇りを

数年前、ヨーロッパへ街づくりの研修に行った。「まち」の考え方が日本と全く違うことに驚いたという。どんな小さな町でも誇りを持っていて、ここのブドウはこんな風においしい、などと胸を張るのに対して、日本では地方の人は決まって「何もない所で」と卑下する。日本風の謙遜だけでなく、東京に人も物も集中しすぎ基準が単純化した結果では、と思う。街も個人も、他とくらべて自分を見限り、無為無気力に落ちこみがちなのだ。物事の価値は比較で決まるのではない。そのもの自体の価値があるのだ、と彼女は力をこめて言った。「大学も同じで、六大学は立派だろうけれど、和光には和光にしかない価値があるのです」と。

「あなたの考えるその価値ってなに」と機を逃さず斬りこんだ。彼女はためらうことなく、自分の体験を話し出した。絵を描いたり物を作るのが好きで演劇に関心もあったから、芸術関係の大学を望んで調べたが、どこでも絵、デザイン、演劇などどれかを専門に学ぶ形になっていた。「芸術そのもの」を勉強できそうなのは和光しかなく、従って迷わず和光を選んだというのだ。

高校まで自分で気づかずに、周囲に合わせてよい子・優等生を演じていた、したいこと見たいもの行きたい所が山のようにあったことに、和光のあの自由さの中で初めて気づいた。周りにも似た目ざめ方をした友人が多く、競争で全開し開花した。

「今思うと、きれいな絵を描かされなかったのが一番よかったと思います」。デザインも技術を教えるのでなく、原理に気づかせられた。紙に書いた線で、まっすぐなものを曲がって見せる工夫をと迫られ、あれこれ苦心した記憶が残っているが、あれは線や図そのものでなく世の中すべてに通ずる考え方を鍛える意図だったのだろう。小田急の中吊り広告で一番いやらしいと思うものを一枚取ってこいというとてつもない宿題が出て、駅員の目を盗んでちぎり取ったりしてたくさん集まったのを、なぜどこがいやらしいのか、皆で見較べて分析したこともある。

何事にも自信を持って臨めるようになった。絵やデザインの専門家になったのではなく、芸術と人生に対するしっかりした構えのようなものが身についたと思う。それがやがてコンピュータや街づくりなど新しい難関にぶつかったとき、逃げずに立ち向かえる力の源泉になった、と言う。

まちづくりに関わって、国の電源事業の諸面に触れる機会が増えた。補助金はたしかに過疎地をうるおし、公共工事は就労の門を広げる。しかし補助金慣れして自ら考え努力することを怠り、原発だと危険を知りながらももう一基を望む、いわば麻薬の役割となるケースを見た。

その一方で、福島県の某原発が東京の日々の電力を生んでいる現実を知ると、学生時代のように単純に反対と叫ぶだけではいられない矛盾を、強く感ずるという。

いま自分にできることは、補助金が人びとの自主性や意欲を失わせる麻薬とならないよう、本当に地域のためになる、人びとの暮らしを物心両面で豊かにする仕事に、微力を尽くすことだ。もう一つの顔の方では、日々進化する現代の先端にいつも触れていられる感覚を、大切にしたい。と彼女は、異なる二つの世界を見渡して、しっかりと未来を望む堂々たる仕事人なのだった。もともとの素質ももちろんあろうが、和光大学がこの女性を育てた、とその「価値」を確認できて、心からうれしく思った。(「自分らしくのびのび生きよう――こんな先輩たちがいる③　和光大学の卒業生たちと石原静子」編集・発行＝石原静子、二〇〇一年、二一四～二一九ページ)

石原が当初目指した目的を十分に果たした第五集で終わりかと思ったら、聞き取りの対象を、「実験大学」の重要な支え手でもあった和光大学職員にも広げ、退職後の一六名を訪ねてインタビューを行い、二〇〇四年一〇月、『のびのび働きともに成長――「小さな実験大学」を支えた仲間たち』として出版している。

それにしても、定年退職してから卒業生や退職者を訪ね歩き、自費で冊子までつくる大学の研究者がほかにいるだろうか。一五四ページの掲載した『自分らしくのびのび生きよう　こんな先輩たちがいる』を見るたびに、筆者の脳裏には石原の和光大学に対する熱い思いがよみがえってくる。それを証明するように石原は、二〇〇六年、『和光燦燦』（八月書房）という本まで出版している。

こんな石原、梅根を追悼した『生活教育』臨時増刊号では、「酒の師として」と題した文章を寄せている。なんとも人間味あふれる文章である。

梅根先生の「生活」は、民衆と共にあったと同時に、常に酒と共にあった。

私は和光にきて初めて、先生とお会いした。この偉大な学長から教わったことは数知れず、それは私の人生を大きく変えた。その最大のものが、酒なのである。和光にくるまで、今からは信じがたいことだが、私はほとんど飲んだことがなかった。しかし開学当初の教員たちの、あの意気と親しみの深まりの中で、どうやらそ

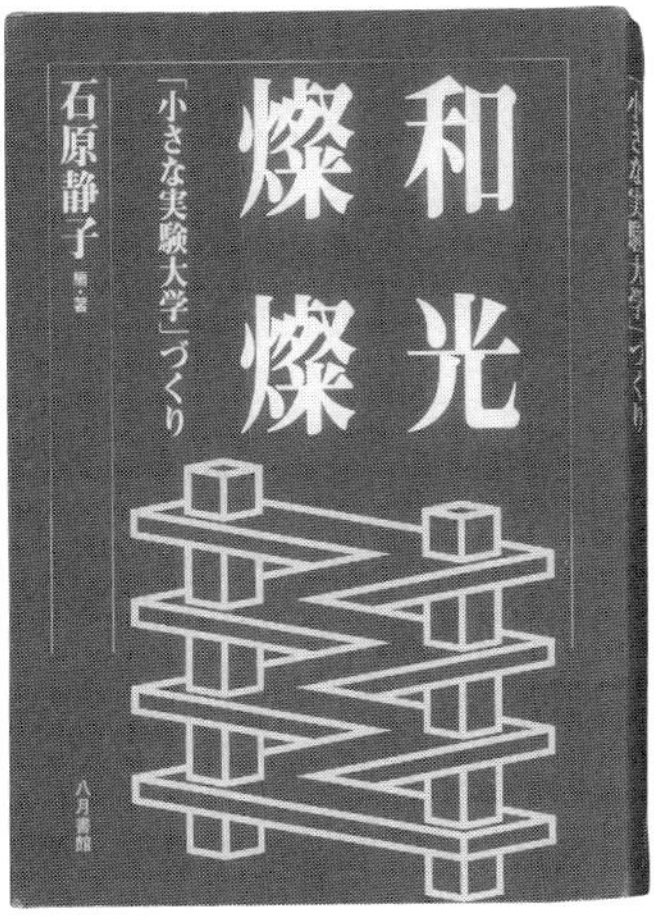

『和光燦燦』

の方の素質があるらしいと自覚する機会は、たちまち頻繁に訪れた。偉大な教育者が、これを見のがすはずはない。もしかしたら自分を継ぐほどの「素質」が、手つかずのままあるのを目の前にして、それをめざめさせ最大限に伸ばしたいと意欲と情熱に、先生が駆られたのは、まことに当然の成りゆきだった。

先生の酒は、所を選ばず、菜を選ばなかった。生まれ育たれた嘉穂の山奥の何でも屋で、一日の労働を終えた人びとが、馬を曳きながら立ち寄って、一杯のコップ酒をあおってゆく。同じおもむきが、終生、先生のお酒にはあった。大学で講義を終えての帰り、向ヶ丘で途中下車して、当時あった酒肴自動販売の店に立ち寄り、一杯五〇円（！）のコップ酒とスルメで、大いに談論風発したものだ。講演のあとなどの宴会で、床柱を背に主賓の座に座らされるのが一番にが手だ、いくらごちそうが並んでいても酒がうまくない、とよく言っていられた。それより、深夜に起き出してひとり台所で一升ビンからつぐ酒、冷蔵庫で捜し出したおかずの残りや、それもなければミソをなめて飲む酒の方が、というわけだ。ミソを肴に冷たい酒をなめなめ先生は、日本の教育や民衆の未来について、熱い思いでペンを走らせていられたのだろう。先生のお酒は、すさまじいスピードだったが、あとを引かなかった。店のふんいきや待る女性などには目もくれず、ただひたむきに酒そのものを愛した。今だから話すが、学生との団交で遅くなった夜など、学長車を途中で停めて、コップ酒とあり合わせのチクワなどを買い、丸かじりで飲み飲み帰ったこともある。そんな時飲むほどに先生は、学生の激しい問題提起を愛し、教育を語り大学を論じて倦まなかった。

いま私の酒量は、少なくとも先生の晩年のそれに、迫ろうとしている。飲み方も、ふしぎなことに、別に真似ようとしたわけでもないのに、先生のそれとよく似てきた。私も菜を選ばず、スピーディな代りあとを引かず、酒そのものを愛する。生活を通しての教育力の偉大さを、先生は最後の十年をかけて、みごとに立証されたことになる。しかも私にとってうれしい遺産は、現在飲む機会のあるたびに、自分の中に先生がありありと生きていられると、感じ得ることだ。それに伴って、先生が愛し憂えられたさまざまなこと、その生涯を賭けられた課題のあれこれが、私の中に生き続けていると、確かに信じられる。それが、私の残りの人生を導いていく指針になるのだ。生活教育ってそんなものだよ、と今宵も先生は、笑って話していられる。

梅根悟という大人物から多くを学んだ人物、石原静子もまちがいなくその一人だろう。その石原も、二〇一〇年一二月に逝去した。彼女の遺産は、すべて和光学園に寄贈されている。

終章　晩年の梅根悟

一九八〇年三月二一日、青山葬儀所で梅根悟の和光大学・和光学園葬が行われた。前章で紹介した石原静子が語った故人の経歴は、次のような文章で締めくくられていた。

和光大学の創設と並ぶ先生の最後の大きなお仕事は、日教組の教育制度検討委員会委員長として、日本の教育が今後どうあるべきかについて、精力的に検討され、四冊の報告書にまとめられたことです。これは一九七〇（昭和四五）年に始まり、続く教育課程・大学問題の検討も含めて一〇年近くにわたりました。さらにそれと並行して、約一五年余りをかけ一〇〇人を越える研究者を組織して進めてこられた『世界教育史大系』全四〇巻が、一九七八（昭和五三）年に完成しております。

この最後の三つのお仕事には、先生の生涯をかけたご努力が、関連し合いながらみごとに実をむすんでいるように思われます。世界の教育の過去の歴史を知ること、それを背景に日本の教育の現在と未来を考えること、そしてそれを大学を初めとする各段階の学校のあり方として実験し、成果を世に問うこと、先生は、この三つの巨大なお仕事を、ご一身でなしとげられました。しかもその間に、たくさんの弟子や同志を、その人格によってひきよせ、育てられました。まことに先生は、まれにみる偉大な研究者・思想家・実践者であり、すぐれた教師・卓越した民衆のリーダーであられたと思います。

石原は、和光大学の創設と並べて梅根の最晩年の仕事として二つの大仕事を紹介した。しかし、そのほかにも二つ、どうしても落すことのできないものがある。その

1980年3月21日、青山葬儀所で行われた梅根悟の和光大学・和光学園葬（出典「生活教育」1981年、追悼臨時増刊号）

最晩年の梅根（写真提供：梅根文子氏）

一つは、石原自身の仕事であったために触れなかったのだろうが、梅根との共訳書『デューイ実験学校』の出版である。梅根にとっては、これが最後の出版物となっている（一九八ページ参照）。

そしてもう一つは、梅根としてはごく当たり前のことであり、ことさら強調するほどのこともなく長年続けてきたことである。梅根に励まされつつ、終始この仕事に取り組んできた人たちにとっては、「これ抜き」には梅根を語ったことにはならない、というものがあった。それは、「権利としての障害者教育」を教育現場にきちんと根づかせるという息の長い仕事であった。

石原が語った順に従いつつ、石原が語り残した二つの仕事を付け加えて、本書を閉じることにしよう。

1　日教組とかかわりつつ、日本の教育改革の先頭に立った

日教組（日本教職員組合）は、一九四七（昭和二二）年六月、学校で働く先生方や職員たちの労働組合として誕生した。もちろん、賃金や労働条件の改善が主たる目的であったが、公選制だった教育委員が任命制になったり、勤務評定により教員の昇級昇格が実施されたり、学習指導要領の改訂により国家基準が強化されるなど、反動化する政府の教育政策に対抗するために、教育

研究集会の組織にも力を入れるようになった。

一九五二年、第一回の全国教育研究集会が栃木県日光市で開かれ、そこに講師団（のちに助言者と改称）の一人として要請され、参加したのが、梅根と日教組とのかかわりのはじまりであった。それ以来、この教研集会には長くかかわることになり、第四回長野大会（一九五五年）における最後の全体集会では、講師団を代表しての感想発表を求められた。梅根は、「忘れ難い思い出」として次のように書いている。

自分の感想だけでなく講師団の人たちの感想を紹介しようとしたなかで、羽仁説子さんが女性教師の積極的発言をたいへん高く評価されてこのことを是非言っておいてくれと言われたことと、いま一つは私が汽車の中でちょっと耳にはさんだ「近ごろの教師は行儀がわるくて困ったもんだ」という一市民の声を紹介して、せっかくここで数日間いい勉強をされたんだから、お帰りもいい先生らしくおとなしくお帰んなさいと言ってみんなを笑わせたことである。（特集・日教組結成三〇周年〈教育評論〉一九七七年六月号）

教育研究全国集会は、その後、日教組と日高教（日本高等学校教職員組合）との共同開催となっていくのだが、一九七四年、岡山で開催された日教組第二四次・日高教第二一次全国集会において、梅根は「日本の教育改革」と題して開会冒頭での「記念講演」を行っている。梅根が力を込めて語ったのは以下の二つだった。

一つは、戦後の教育界で花々しく繰り広げられた学校ごと、地域ごとのカリキュラムづくりと、それの基づく独創的な教育実践が花々しく繰り広げられた時期があったではないか、反動的な教育行政による締めつけであの火は消されてしまったけれど、その後のサークル活動、それらを縦横、全国に連なる形で日本民間教育研究団体連絡会、略称民教連という団体までできたではないか、小・中・高校とも、学校単位での教育課程自主編成運動を新たな情熱のもとに再開すべき時期が来ているのではないか、ということである。

もう一つは、高等学校の教育のあり方についての改革は、教育行政の仕組みから言っても、都道府県単位で自主的に解決できる面が非常に多いではないか、京都の例もあるように、教職員組合としては、やる気を出して努力すればかなりのことができるはずではないかと、前年までにこの日教組教研で報告されたレポートをていねいに読みこなしたうえで、熱い励ましのメッセージを送ることだった。

しかもその際、日本の教師たちの心の中に、永年の慣行、考え方として巣食い、定着し続けているもの、つまり内なる敵の一掃という、私たち自身の考え方、心のもち方の自己改革を進めねばならないことを強調したところにも、梅根らしさがくっきりと出ていた。

この講演の全文は、『日本の教育第24集――日教組24次・日高教第21次教育研究全国集会報告』(日本教職員組合編、一ツ橋書房、一九七五年)で読むことができる。興味のある方はぜひご覧いただきたい。

日教組との関係はほかにもずいぶんあり、年代順にその主なものを拾い出すと以下のようになる。梅根は、それぞれについて簡単に思いを記している。

一　旭丘中学校事件の学術的調査――これは、有名な京都の旭丘中学校事件についての私と宗像君とを中心とする調査で、宗像君の所属する東大教育学部と私の所属する教育大の教育学部との教師たちの一部が協力して行なった調査であり、その成果はその後それぞれの学部の紀要にのせられているが、調査に要した費用の大部分は日教組の協力によるものであるし、日教組調査団と言えば言えるものであった。

二　国民教育研究所の創立――昭和三二年(一九五七)日教組によって創立されたが、これは大仕事だった。今は初代所長にお願いした上原先生も去られたし、私と二人で小林委員長にたのまれてやった片棒の宗像君は死んでしまったが、これだけはしっかりしたものに育てあげてゆきたいと思っている。

三　香川・愛媛学テ調査団――昭和三八年（一九六三）これも宗像君と私が中心になって、多くの諸君の協力を得てやったものだが、この方はまさに日教組の依嘱をうけて私たちがやったものである。ただし中心になってやってくれたのは宗像君だった。

四　日教組・教育制度検討委員会――一九七〇年～七四年、会長にまつりあげられた私に協力して下さった委員、専門調査員、事務局員あわせ三十余名の方々の四年間にわたるご協力にただただ感謝するのみ。皆さん、どうか、報告書を見て下さい。

五　日教組・中央教育課程検討委員会――一九七四年～七六年、これも大仕事だった。この二つの委員会のやったことは日教組三〇年のたたかいのめざしてきたものをもとにして、若干それを理論化したものと言っていいが、それらが完全に実をむすぶのはこれからのことであり、日教組の力量にかかっていると言っていい。[1]

（1）『日本の教育第24集――日教組24次・日高教第21次教育研究全国集会報告』日本教職員組合編、一ツ橋書房、一九七五年より。

1963年秋に行われた日生連と教育科学研究会とのソフトボールの対抗試合（出典「生活教育」1981年、追悼臨時増刊号）

1974年12月、教育制度検討委員会。前列中央が梅根（出典「生活教育」1981年、追悼臨時増刊号）

とりわけ、三年かけてまとめた「教育制度検討委員会」の仕事について梅根は、「ほんとに大変な仕事だった」と語る一方で、「今になって考えてみると、楽しい仕事だったなあ」としみじみと語っている。

委員会で、専門の調査委員を務めたのは、「日本生活教育連盟」と「教育科学研究会」という二つの民間教育研究団体のメンバーであった。言い換えると、東京教育大学と東京大学の教育学の出身者でもあったから、それまであまり知り合っていなかった人、知りあってはいても親しく話したことのない人たちと一緒に仕事をするようになり、その人たちと親しくなることができたということである。

猛烈に忙しく、くたびれることもあったと思われるが、「たとえば事務局長の小川利夫君（社会事業大学教授）なんか、名前は知っていても、会って話したことはなかった人だし、東大の堀尾輝久君なんかも、著書はよんで、よくできる人だなあとかねがね思っていたけど、親しく話をしたことはなかったし、そんな諸君と一しょに二年半、つきあって、酒も飲んだし、ほんとにいいつきあいをしてきたなあ」（前掲『教育研究五十年の歩み』四五七ページ）と、梅根は言っている。

このような梅根の心情を知っていただくために、読者のみなさんには、二つの検討委員会の最終報告をまとめた以下の二冊をぜひ読んでいただきたいと思う。

・教育制度検討委員会の最終報告書『日本の教育改革を求めて』勁草書房、一九七四年
・中央教育課程検討委員会の最終報告「教育課程改革試案」『教育評論』一九七六年五・六月号

この後、一九七六年九月に日教組大学問題検討委員会が発足し、梅根はその会長にも就任している。しかし、健康がすぐれず、後を大田堯《たかし》氏が引き継ぐことになった。

2 『世界教育史大系』『世界教育学選集』『世界教育学名著選』の出版

一九六六年の春、梅根が東京教育大学の定年をあと一年残して和光大学の学長になったとき、実は生涯最大とも考えられる学問的な課題を背負っていた。果たして、その二つを同時に果すことができるのだろうかと、不安を感じた者も少なくなかったにちがいない。

そのような人たちに梅根は、「世界教育史の構想――私の教育史的遍歴」と題して東京教育大学における最終講義を行った。その全文の記録は、『教育史学の探求』（講談社、一九六六年）という著書の第四部に収録されている。その書き出しは次のようになっている。

私はここ数年来、一〇〇名を越える共同研究者と共に、いささか野心的な数十巻の世界教育史大系といった著作をやろうとしてその仕事を進めております。きょうはその仕事ともかかわって、私自身の今日まで歩いてきた教育史研究者、なかんずく西洋教育学者としての履歴といった形で、生活綴り方的に語ってみようと思っています。……

実は、梅根のこの最終講義を聴いた聴衆のなかに筆者（中野光）もいた。そして、私自身の学生時代のもろもろの体験も想い出すことができた。

私の学生時代（一九四五年～一九四八年）、梅根は西洋の教育史について論ずるとき、中国をはじめとするアジア諸国のことについて、筆者たちの歴史的認識がグローバル（地球的）に偏っていることをしばしば指摘した。また、インドネシア、フィリピンの旧植民地の教育への関心が不充分であることを自己批判的に述べていた。

確かに、戦前、戦時、梅根の研究的視野は、欧米のいわゆる先進諸国の進歩的教育思想および教育改革を支えた先駆的事実を対象とする事実に研究課題は焦点づけられ、それらから学ぼうとするものが多くを占めたが、アジアやアフリカを対象にすることはなかった。だから、中国、朝鮮などの諸国の教育は研究対象にしてこなかった。

そのことへの反省は、梅根の戦後教育史研究の基本となった。私たちが梅根から学んだ教育史にも、そのことは常に意識されていた。たとえば、教育学者の戸田金一《きんいち》（秋田大学名誉教授）にインドネシアを対象とする教育史の論文を書くことをすすめていた。だから、『世界教育史大系』のなかに、戸田を代表者とした東南アジア教育史もきちんと割り当てていた。

講談社からの出版が決まって、一九六二（昭和三七）年六月八日に「世界教育史研究会」が誕生した。数名の幹事会はもちろん「日本史部会」「イギリス史部会」「フランス史部会」などが相次いで開かれ、構想が練られ、執筆原稿が持ち寄られて検討しあった。中国、朝鮮の教育史はもちろん、ラテンアメリカ教育史をはじめ、北欧の教育史を入れることを忘れなかったことは「世界教育史」を編集する梅根にとって当然のことであった。

ラテンアメリカ教育史を担当したのは皆川卓三（一九二三〜二〇一七）だが、そこには梅根との不思議な縁があった。皆川は梅根から直接の指導は受けなかったのだが、卒論のテーマが「ケルシェンシュタイナーの作業学校思想」であったため、指導教官の石山修平から「君の論文は、近くこの大学に戻ってもらうことになった梅根君に見てもらうことにした」と言われて困惑し、慌てふためいたという。

二年間、必死になって厖大な著作を読んで書き上げた論文ではあったが、そのほとんどが「梅根悟」なる人物によって紹介され、意味づけられた論文・著作に依拠してのものだった。その梅根の、東京文理科大学における論文審査学生の対象第一号となった皆川は、「梅根コンプレックス」を抱いたまま卒業し、今後は梅根の手の届かないところでと、誰も手をつけていないラテンアメリカ教育史研究に踏み込んだ。「いくら梅根先生でも、この領域なら手の出しようがあるまい」という安心感があったという。

そのうえで、皆川は次のようにも書いている。

何回かひらかれた研究討論会や打ち合わせ会の一つが国家公務員宿舎「横浜集会所」で開かれ、「港の見える丘公園」の眺めのよい集会所ロビーで、ソファーに身をしずめながら研究進展状況を先生に報告していた時の事である。先生が「わしはこの間岩波新書のメキシコの〝絵をかく子供たち〟を読んで、大変感ずるものがあった。自分はよく分らないが、君は、白人到来以前のインディオの教育からラテンアメリカ教育史を書き始められないかね」と話しかけられた。この「大系」共通の問題意識は「抑圧された者の側からの世界教育史」ということであったから、「もしそんなうまい資料があったら是非書いてみたいと思うが、何せ資料的手がかりもないし手の施しようがありません」と気負って答えたものである。

ところがである。山形へ戻ってから数ヶ月後、かねてから取引のあったスペイン・中南米図書輸入専門店から、相次いで二冊の本が見計らい本として私に届いた。一冊はメキシコのチャペス著『コルテス以前のメキシコ教育』（コルテスとはメキシコ征服スペイン人）、もう一冊はペルーのバルカルセル著『インカ帝国教育史』という書名からしてそのものズバリの研究書である。

その時の私の驚きと感激はいかばかりか。驚きとは、私すらも予知しない資料の存在を、「自分はよく分らないが」と言われながら、直感的に感知しておられた梅根先生の、たとえ専門外の研究であろうと、凡そ研究に対する視野の広さと直感的洞察力のするどさに対してである。全く以て「参った」という気持ちにさせられ、到底かなわないという「こわさ」を思い知らされた。(〈生活教育〉一九八一年一月、追悼臨時増刊号、一七〇〜一七一ページ)

それにしても、四〇巻ともなる『世界教育史大系』を編集・出版するという大きな企画が可能になったのは、もちろん一〇〇名を超える多くの研究者たちの協力を得られたからであるが、一九五五年に梅根が大著『世界教育史』を発行していたこと、加えてその翌年の五月に「教育史学会」が創立されていたことを重視せざるを得ない。

この学会は、日本の教育史研究の重鎮ともいうべき石川謙(一八九一〜一九六九)を会長とし、梅根を事務局長として発足した。戦前からの友人だった倉沢剛《たかし》や小宮山倭《こみやまやまと》らもこの学会の有力会員になった。

事務局は、梅根を中心とした教育史研究室で、大学院の学生が協力した。彼らの内にはやがて世界教育史を執筆する優れた教育史研究者が育ちつつあった。出版を引き受けた講談社は、有能なる事務員をつけて支えてくれたうえに、原稿執筆のために立派な住宅までも与えてくれた。

宿泊場所に恵まれたとはいえ、思うように筆は走らなかった。このときのエピソードが残っている。

当時、和光大学に在職し、この共同研究に参加したのは、池田貞雄、山崎昌甫、中野光（筆者）の三教員であった。大学としてもこの業績を讃えることを目的として、学内の広報誌〈和光大学通信〉（Vol8、No3、一九七八年七月号）で筆者と池田貞雄の誌上対談を企画した。大学の構成員を主たる読者として想定したものなので、多少修正を加えたうえで再録させていただく。

――本学の梅根悟学長が監修者となって推し進められていた全四〇巻からなる『世界教育史大系』（講談社）

日本生活教育連盟第53回夏季全国研究集会での池田（左）と筆者（出典：「池田貞雄さん」2002年より）

の出版が、このほど完成しました。この企画が具体化したのは今から一六年前の一九六二（昭和三七）年のことでした。これだけの教育史を「世界」的視野で書き上げるということは、日本ではもちろん、諸外国にも例のないことで、まさに画期的な事業であると言えます。

そこで、この号では、この共同研究に参加された本学の池田貞雄、中野光の両教員に、この『世界教育史大系』のできあがった経過と、それのもつ意義などについて語ってもらいました。

中野　この『世界教育史大系』の編纂についての第一回の会合が開かれたのは、たしか一九六二（昭和三七）年の初夏だったね。

池田　そうだったかなあ。箱根の青雲荘という旅館で会合がもたれたことは覚えている。あのとき、ぼくは大学院の学生で梅根先生の研究室にいて、事務の仕事を手伝っていたんだ。

中野　ぼくは、当時金沢大学にいて、あの会議に出席したわけだけれども、まだ新幹線がない時代だったので、小松周吉先生（金沢大学）と一緒に直江津まわりの夜行列車で箱根まで行ったよ。共同研究がはじまったのは一九六二年だったけれども、梅根先生ご自身では、少なくともその三年ぐらい前から願望というか、構想はあったんじゃないかなあ。

池田　うん、先生は一九五五年に光文社から『世界教育史』という題の大著があるし、文理科大学と教育大学で指導したり、学会に登場する若手研究者が伸びてきていたわけだから、「壮大」な企画を立てられる条件は一九五〇年代の終わりごろには熟しつつあったんだろうなあ。

中野　ぼくもそう思う。第一回の会合における梅根先生の基調提案は、「世界教育史」というものをどう構想するか、誰の立場からどう書くか、という問題に迫ろうとしたものだったね。印象的だったのは、ゲルマンないし欧米中心の世界教育史ではなく、「アジアにおける日本」にしっかりと軸足を下ろして新しい視座を確立しよう、と力説されたことだった。だから、朝鮮半島や中国大陸の教育史が入るのは当然だし、ラテンアメリカ、東南アジア諸国、さらには北欧、東欧などの教育史も企画のなかに加えられたわけだよね。

池田　しかし、それにしても諸外国にも例のない大きな構想だよな。ソビエト教育史は、初めはロシア語に優れた駒林邦夫さん（当時、岩手大学）がチーフで、ぼくは連絡係の予定だったんだけど、彼が降りたものだから、それでぼくが「ソ教研」（ソビエト教育研究会）で知ってた友人に頼んでまわることになって……。

中野　それでも、池田さんがチーフでソビエトについては二巻ものが完成したんだからたいしたものだと思うね。たしか北大の竹田正直さんや、九州の海老原遙さんと協議するために飛行機を使ったね。それに、一昨年の夏には、青山にある講談社の社屋に一〇日ほど泊まりこんで執筆したよね。ぼくなんか、「池田先生だってあんなに熱心にとりくまれて、原稿を書いてくださったから……」とハッパをかけられたよ。（笑）

池田　なにしろ、自宅にいてはまとまったことができないもんだから……。札幌には飛行機で二回も行ったし、ぼくらの二巻が一番金《かね》を使ったんじゃないかな。それに、梅根先生から原稿を早く書くようにと催促状をもらったのもぼくくらいらしいね。

中野　そうなんだよ。ぼくは、日本教育史・初等教育史・道徳教育史という三つの巻にまたがって執筆したんだけれども、どの巻の原稿もぼくのせいで予定から大幅に遅れ、講談社からは度重なる催促を受けたけれど、梅根先生からは直接催促を受けたことはなかったね。先生は、誠に「寛容と忍耐」の人だと思ったね。その先生から池田さんは催促状をもらうとは、相当の大物だな。ところで、何という返事を書いたの。

池田　そのうち書きますから、先生も長生きしてください、と年賀状に書いたんだよ。（笑）

中野　この大系の内容は、日本をはじめとする各国教育史と、幼児教育、初等教育、中等教育、大学教育、さらに障害児教育、農民教育、社会教育などという問題領域別の歴史とに大別されるわけだね。ぼくはこのうちで、とくに貴重だと思うのはラテンアメリカ教育史だと思う。文理科大学出身で、われわれの先輩にあたる皆川卓三さんが主な執筆者だけれども、原稿の完成はもっとも早く、内容的にも単に日本人の教育認識の欠落を埋めたというだけでなく、まさに「世界」史的教育認識とは何かを教えてくれる先駆的なものだった。

池田　そうだ。インディオの教育からはじめて、スペイン、ポルトガルの植民地政策が彼等にとってどういうものだったかを解明したわけだからな。秋田大学で東北の地域教育史調査に取り組まれた戸田金一さんが中心になった東南アジア教育史についても、日本人にとっては知らなくてはならないのに知っていないという史実がずいぶん明らかにされている。

中野　当時、秋田大学の戸田金一君は、ぼくのかつてのクラスメイトだからよく知っている人だけど、彼は卒業論文にインドネシア教育を取り上げ、梅根先生に指導されたのちに秋田県の近代教育史に研究課題を移した人だ。おそらく、彼の主題には地域と教育との関連を世界教育史的に究明していくことがあったと思う。池田さんもそうだが、戸田君や皆川さんたちにとって、各人の研究の蓄積が、この壮大な企画実現に大きく寄与したと言えるね。

池田　この事業のために、ものすごい勉強をさせられた、という側面もあった。こういうことがなければ、ぼくの課題なんかまとまりっこないものな。

中野　そりゃそうだよ。ぼくだって、初等教育の改革史と日本の道徳教育の歴史について自発的に書くということは考えられなかった。梅根先生のおかげで勉強させてもらったという実感は、執筆者全員にあるんだろうなあ。

中野　さて、去る六月一七日（一九七八年）に、この大系の完成を祝う会が新宿の京王プラザ・ホテルで開かれたけれども、あのときのこともここに付け加えようか。

池田　あの会は、病気がちな梅根先生を祝うというより、励ますという主旨もあった。先生にとっては先輩格の城戸幡太郎さんや波多野完治さんも出席されて、さすがいいことを言われていたなあ。

中野　城戸先生は心理学者で、梅根先生よりも一〇歳ぐらい年長でいらっしゃるわけだけど、梅根先生に、この世界教育史研究を土台にして日本人の立場から世界の教育改革論を書いてほしい、と要望された。さすがにグローバルな発想をされ、城戸先生らしい提言だと思った。

池田　波多野さんも、この事業の歴史的意義を的確に評価されていたね。四〇巻の内容にも目を通しておられ、「三たび盃をあげん」というので、第一に梅根先生のために、第二に従来日本で研究されていなかった分野に鍬を入れた人々に、そして第三に、「特殊研究」に健筆をふるった若い人に、というわけだった。

中野　そのとおりだ。それにしても、城戸・波多野の両先生とも心理学の分野から教育学や教育史の研究動向をにらみ、積極的な発言をしてこられた人だよね。ぼくはお二人の発言をきいてみて、いわゆる明治生まれの学者の構想力の大きさと、おとろえを感じさせない研究活動への気力に迫力を感じたなあ。

池田　倉沢剛先生や小宮山倭先生も梅根先生がもっと健康になられて、さらに教育学者としての仕事をしてほしいと期待されていたね。梅根先生のにこやかな顔にお目にかかったのも久しぶりだし、あの日は、先生にとっても近来にないよい日だった、と思うなあ。

池田　うん、そうだ。あの日の梅根先生の顔は久しぶりに笑顔だったなあ。若い時代からの友人、倉沢剛さん、小宮山倭さんも、「梅根君」の健康回復を祈るということをくりかえし言われたし、友情のあたたかさもかんじたなあ。（後略）

この池田・中野の対談記録は、和光大学の内部で予想以上の話題となった。とくに、池田発言が「いかにも池田さんらしい」と評判になった。和光大学では外国の児童文学史を講じていた小川五郎教授（作家名・高杉一郎）が、「中野さん、あなたと池田貞雄さんの対談を読んだよ。池田さんという人は無口でおとなしい人だが、梅根さんから原稿の催促をされても『そのうちに書きますから、長生きしてください』と言うとは。彼は、人間的には相当の大物《おおもの》だねえ」と言って笑っていた。

今、改めて思うのは、この池田・中野の対談に続いて、小川五郎先生を加えて「梅根教育史学」について語り合うことができればよかった、ということである。残念なことに、池田は和光大学を退職した直後に急逝し（二〇〇五年五月八日）、小川先生も亡くなってしまい、筆者の密かな願いは実現不可能となってしまった。

さて、筆者がもっともエネルギーを注いだのは『初等教育史』(第二三巻)であった。夏休み、原稿用紙とともに必要な参考資料をもって宿舎へ向かったことが懐かしい。

梅根は全四〇巻の『世界教育史大系』のなかでも、この『初等教育史』には格別の力を注いだ。その意図は、この巻のはじめに梅根が書いた次の文章にも示されている。

世界教育史大系の中の一巻としてこの「初等教育史」はいささか他の諸巻とおもむきを異にしているかもしれない。他の巻の例にならうならば、この本は、初等教育とわれわれが今日呼びならわしているものの一般的な歴史を、とりわけその制度史的側面に重点をおいて述べてゆくことになるだろう。そして、それでも世界初等教育史は書けるだろうし、書いて無意味ではないだろう。だから、この巻の構想をたてるにあたって、わたしたちは、いま日本の初等教育の改善、改革にとって必要な歴史的知識は何だろうか、という問いから、この巻の構想を考えようとした。

そして、その結論として、この巻では一般的な初等教育制度・内容・方法等の発達史といったものではなく、初等学校、初等教授の改革のための運動史をこそ書くべきだ、という結論に達した。そう考えて他の巻をふりかえってみると、他の諸巻もそれぞれ、そのテーマに関しての現代日本的問題意識を視点として、それを中心にすえた世界教育史を書こうとしている。そうすることが、この世界教育史大系の共通のねらいでもあったのである。

こうして、この巻は、平板な世界初等教育発達史であることをさけ、あえて、初等教育の改革運動史であろうとしたのである。

その点でこの巻は、世界ではじめての初等教育史の試みであるかもしれない。また事がらの性質上、とくに多くの執筆者の協力を必要とした。したがって、その出来ばえについてはさまざまの批判があるだろう。だが、わたしたちはまがりなりにもこのような本をわが国の教育界におくりえたことを、わが国の初等教育の現状をうれうる者としてよろこんでいる。

この本の構想を梅根とともに考え、執筆者の代表としても若干の役割を果たした筆者も、この文章に共鳴した。そして、その内容は、単に一九七〇年代の日本だけにとどまらず、世界からきびしく評価され、改訂、進歩していくことを希望したい。

『世界教育史大系』は一九七四年六月に発行が開始され、以後一九七九年に至るまでほぼ予定通り刊行されたが、その間、和光大学の経営は予想を超える困難に遭遇し、梅根学長の生活はこれまでにない厳しい状況となった。それだけに、その後の一九七九年、『世界教育史大系（全四〇巻）』が「毎日出版文化賞・特別賞」を受けたことは喜ばしいことだった。

前掲した池田・中野対談にも記されていたように、一九七八年六月、『世界教育史大系』の完成祝賀会が新宿の京王プラザホテルで行われた。梅根家を代表して、梅根栄一氏、夫人のもと子さんも出席された。特筆したいことは、梅根にとって先輩格の城戸幡太郎《きどまんたろう》（一八九三〜一九八五）と波多野完治（一九〇五〜二〇〇一）という二人の教育心理学者が出席し、それぞれがこの出版に対して意義を述べられたことである。

波多野完治は、梅根のこの仕事について次のように評している。

わたしが梅根さんを「ケタちがいの大物学者だな」とおもうようになったのは、『世界教育史大系』以来のことだから、死ぬ十年ぐらいまえからのことにすぎない。（中略）

ところが、講談社から『世界教育史大系』四十巻の出版計画を発表されておどろいた。わたしはそのころ、自分の教育史的事実の無知を自覚して、せっせと教育史の本を読んでいるころであった。だから、この『大系』もいちはやく予約し、毎月よみおえることを目標にしてガンバッていた。

しかし、四十巻という教育史は、なにぶんにも世界でさいしょの大部のものである。一般史でも、こんなに大きいのは、そうたくさんはない。教育史にいたっては、むろんのことである。で、わたしは、「初めのうちこそ、毎月発行だが、そのうちおくれ出すぞ」と、タカをくくっていた。そうなれば、わたしのよむ速度もおとしていくことができる。
　はじめの数巻、梅根さんは、「総説」を毎巻書かれていたが、これは面白く、梅根さんが真に教育史を「文学」としてもみていることを示すものであった。
　二十巻ごろまでは、順調であった。そしてそのなかには、「フランス教育史一　二」のような異色の傑作もあった。わたしは、この両巻をよみながら、「フランス教育史の見方にも、こういうのがあるか」と、感心した。その他、周辺国の教育史が大へん面白く、わたしは、「これはたしかに、今までの教育史とはちがい、大分ためになる。」と、おもいはじめていた。（中略）
　二十巻をすぎるころには、わたしはすっかり『大系』の「愛読者」になり、発行がおくれがちになると、わがことのように心配した。（中略）
　梅根さんの学問へかける情熱もさることながら、百数十名にわたる執筆陣を十年間勉強させて、この高水準までひっぱりあげていったリーダーシップは非凡というべく、たいていの監修者は脱帽するであろう。〈生活教育〉一九八一年一月、追悼臨時増刊号、一五四〜一五五ページ）

一方、一九七八年一一月には和光大学としての「毎日出版文化賞」受賞の記念パーティーが開催されている。このパーティーは、安永寿延《としのぶ》（一九二九〜一九九五）と水上健造両学部長の発起により椿山荘で行われたものである。その翌日、梅根は大学の運営委員会に出席し、たどたどしい言葉ではあったが「昨日はお祝いの会をひらいて下さってありがとう。今度は各教科についての世界教育史の企画編集をたのまれているので、その仕事にもかかりたい」と意欲を示した。

しかし、この日が、和光大学への出勤としては最後の日となった。

もしかしたら、『世界教育史大系』以上に読まれているかもしれないシリーズとして『世界教育学選集』がある。教育書の出版でよく知られている明治図書出版株式会社が、創業五〇年

筆者宅に並ぶ『世界教育史大系』と『世界教育学選集』

を記念して第一期全五〇巻、さらに創業六〇年を記念して第二期五〇巻を企画し、出版したものである（「まえがき」の写真および記述を参照）。

教育科学研究会の勝田守一と日本生活教育連盟の梅根悟の二人が監修したものだが、そこからさらに選ばれた『世界教育学名著選』全二二巻のセットが、発行・明治図書、販売・図書月販社として出版されている。この『世界教育学名著選』に『てい談　現代人と教育古典』という別巻がある。梅根悟と石原静子、駒林邦男の三人に、明治図書の編集部員も加わっての語り合いをまとめたものである。

今や「古典」と呼ばれる書物が書かれた当時の時代と現代が、一体どこがどのように変化してきているかをていねいに考察しつつ、それぞれの古典を、現代に生きる人間が読むべき価値がどこにあるかを語り合ったものである。一〇〇ページを僅かに超えた程度の小冊子だが、読み応えは十分にある。ここでは、「世界教育学名著選を読まれる方に」と題して書かれた梅根の文章の一部を紹介させていただくことにする。

「教育という営みは、おそろしい。だから教師にだけはなりたくない。」「いや、教育のおそろしさの分っている人にこそ教師になってもらいたいのだ。」こんな会話がある。

考えてみると、教育の仕事のおそろしさに気がついて他人の子を教育する仕事を避けたとしても、親としてはわが子の教育を避けて通るわけにはゆくまい。それを避けるには子をもたないよりほかはないが、みんなそうしたら、人類は絶滅するよりほかはない。
　してみれば親は親として、教師は教師として、教育のおそろしさを自覚した上で、だからこそ、どう教育したらいいかを不断に問いただしながら、あやまちのない教育を志すよりほかはない。教育がおそろしいのは教育のありよういかんによって、人の子はどんな人間にもなってゆく可能性をもつからである。それ故にこそ、人は教育の大切さを説くのだが、それ故にこそ教育はおそろしいのである。（中略）
　私たちは親として、教師として、こうした根本的な問いをみずからに問いかけ、みずから勉強もして、この問いに対する自信ある答えを得て、その自信に立って、わが子、わが教え子の教育に当たる責任を、ほかならぬ子どもたちに対して負うている。その責任を果たすための勉強の糧となるものは、何よりも教育の古典であろう。（中略）
　これらの著者は時代と国を異にし、彼等の目の前にあった具体的な教育「問題」は、あれこれまちまちであった。彼らの関心もさまざまである。だからある人は幼児教育について考え、ある人は大学について考え、ある人は科学教育について、芸術教育について考えている。だが、そうしながら、どの著者も通じて、「教育とは何か」という根本的な問いに答えようとしているのである。その答えは決して紋切型の一様さではない。だがその一様でないニュアンスに富む、さまざまの答えの間にある「同じ思い」をとらえ得ないであろうか。少なくとも読者はそのような期待を心に秘めて、これらの名著選を読まれても、失望されることはないのではないかと思っている。

この『世界教育学選集』には、日本人も数名選ばれている。福沢諭吉、及川平次、木下竹次、篠原助市、澤柳政太郎、三宅米吉、阿部重孝、垣内松三ら八名に加えて、内村鑑三、新島襄、矢内原忠雄らである。

梅根はこのうち、篠原助市についてはの主著、代表作ともいうべき『理論的教育学』や『訓練原論』ではなく、あえて処女作ともいうべき『批判的教育学の問題』を取り上げ、六八ページにも及ぶ長文の「解説　篠原助市とその教育学」を書いている。

また、澤柳政太郎著の『実際的教育学』については、滑川道夫・中内敏夫両氏に編集・解説を委ねたが、澤柳が創設した成城学園での「澤柳研究会」の発足三周年記念でも梅根は講演をしており、『生活教育』にも「澤柳政太郎先生のこと」と題して「その一」から「その五」まで五回にわたって連載（一九七四年九月号から一九七五年一月号）している。その全文を引用するのは紙幅の関係で無理なので、各回に書かれていることを紹介しておく。

「**その一**」――開かれた大学として、門も塀もない和光大学の全体像。正面の坂を上り詰めた小さな広場に、澤柳の胸像が置かれるまでの顛末と彼がどんな人であったかについて。

「その二」——澤柳の著作とともに、文部次官時代に義務教育を四年から六年に延長し、しかも無償とする制度を確立した功績について。

「その三」——創立した東北帝国大学の初代総長として、さらには京都帝国大学総長として果たした役割について。

和光大学に設置されている澤柳政太郎の胸像

「その四」——「実験学校」として成城小学校を発足させたことを中心に、デューイの「ラボラトリー・スクール」とパーカーの「ノーマル・スクール」を例に挙げながら、模範学校・お手本学校と実験学校の違いについて。

「その五」——澤柳と和光学園や和光大学、日本生活教育連盟とのつながりについて。

さらに梅根は、一九七四年度の新入生に対する学長講話において、「澤柳先生と和光とのつながり」という表題で話しているし、高校以下の和光学園の教師たちの研究集会においても、「教育のあり方を実験的に追求していくことこそ和光学園の使命であり、その使命が達成できれば閉校してもいい」とまで語っていた。

この時期、梅根が集中して澤柳について書き、そして語った背景には、いったい何があったのだろうか。毎日、埼玉県鳩ケ谷市の自宅を早朝に出て大学に通っていた梅根であるが、澤柳の大学構想に学びつつ出発した実験大学が厳しい試煉にさらされていたことはすでに述べた。毎朝、大学にある澤柳の胸像を目の前にして、彼の生涯とその仕事を改めて思い起こしていたのかもしれない。そう、澤柳先生との対話を梅根は試みていたのであろう。

澤柳の胸像についても、説明をしておこう。

帝国教育会会長でもあった澤柳政太郎の胸像は、かつて日教組の講堂の片隅にひっそりと置かれていた。制作をしたのは、長崎にある「平和祈念像」の制作者としても有名な北村西望（一八八四～一九八七）である。和光大学が、期限のつかない永久借用証書を書いて借り受けてきたものである。また、御影石でつくられた台座は、大学創設当時の理事長であり、のちに芸術学科教授となった岡田哲郎の制作である。

3 最後の出版物——『デューイ実験学校』

梅根の最後の出版物となったのは、一九七八年九月に出版された『デューイ実験学校』（シリーズ「世界の教育改革４」明治図書）である。先にも述べたように、この本は和光大学の教授、のちに理事長役を務めた石原静子との共訳であった。

原典は、デューイ・スクールの教師だった二人の女性、K・C・メイヨー（K.C.Mayhew）とA・C・エドワーズ（A.C.Edwardo）によって一九三六年に書かれた実践記録である。デューイ夫人は、一九〇一年以降、校長としてこの学校のために尽くし、短命に終わったスクールの歴史を書き残そうと多くの資料を保存していたが、一九二七年に世を去った。彼女の遺志を継ぎ、デューイ自身の要請と協力を得て完成したのがこの書である。

『デューイ実験学校』の表紙

梅根は、一九七五年三月発行の『世界教育史大系23 初等教育史』のなかで、デューイ・スクールは、ペスタロッチの『シュタンツだより』、フレーベルの『人の教育』、オーエンの『新社会観』、トルストイの『ヤスナヤ・ポリャーナ』誌に載せられたヤスナヤ・ポリャーナ学校の一連の報告と並んで、一九世紀が生んだ世界教育史上の貴重な五大実践報告の最後を飾るものと激賞している。

　これまでわが国では、デューイ・スクールについてはデューイ自身による『学校と社会』によってのみ知られてきた。しかし、これはスクール開校してから二年の時点で出された講演集であり、語られているのは実験学校の構想と初期の試みの段階を出ていない。梅根は、スクールのカリキュラムもほぼ定着した後期数年間、どんな教育内容がどんな方法で実施されたかについて学年別および詳細に記述されたこの書が紹介されていないことを残念がっていた。何とかして翻訳・出版したいと思っていたのだろう。

　心理学を専門としていた石原は、いわば専門外の分野のこの書の翻訳を手がけることとなった経緯を「訳者あとがき」で次のように書いている。

> 私がこのいわば畑違いの本を訳すに至ったわけは、私事にわたることをお許し頂けば、約六年前にさかのぼる．思いがけない大病で休職を余儀なくされた私は、退院後自宅療養をしていた．退屈しのぎに訳してみないか、と梅根学長に渡されたのが、この原書だったのである．その数年前に開学した和光大学は、教育学者である梅根学長を中心に、あるべき大学教育の理念

を実地に試みて検証しようという、「実験大学」であった．創立当初から偶然ながらその一員に加わった私は、心理学の実験室でやる実験とは違う、現実の人間の営みの中で歴史と未来にいどむ生きた実験のありうることに目をひらかれ、新しい興味をもやしていた。その頃仲間の間ではやったことばでいえば、「教育づいて」いたのである。

病気はこの意気ごみにとって個人的な挫折だったが、いま和光大学自体も、主に経済的理由から、当初の理念の大幅な後退を余儀なくされ、その意味で挫折に直面している。教育　実験は、国籍と時代を問わず、また対象の年少・年長を問わず、常に至難の仕事であるらしい。しかし人類の続く限り、教育のあり方をめぐる論議とその実践への努力は、さまざまな形で続くだろう．理論は移り検証の仕方は変わっても、実験への試みはくり返されるだろう．デューイ・スクールも和光大学も、その意味でおのおのの時間空間における歴史の流れの中にあり、このつたない訳も、私たちの協力のささやかな記念碑である。

この書の冒頭で梅根自身が書いているのは、独立新生の民主国家アメリカ合衆国がヨーロッパとは異なる独自の新しい教育体制、つまり「すべての住民の子どもたちが貧富を問わず、貴賤の別なく男女を問わず宗派の別なく、しかもただで、相たずさえて町や村の公立の学校に通うという、世界に前例のない体制」の創出という課題に挑戦した二人、フランシス・パーカー（**Francis**

Wayland Parker, 1837~1902）とジョン・デューイ（John Dewey, 1859~1952）についてである。その結論部分だけだが、引用させていただくことにする。

さて、彼はこのようにして生まれた彼の実験学校について何をしたか、また何をしようとし、何を語っているか。

デューイ・スクールはまずその外的条件において、レディやドモランやリーツの学校と甚だしくちがっている。これらの学校が何れも郊外に広々とした敷地をもち、全寮制の寄宿舎を持ったぜいたくな、いわば一流の、パブリック・スクール級の学校であるのに対し、デューイの学校はシカゴの町の中にある見すぼらしい借家住いの学校であり、手ぜまになったために二度も三度も転居する始末であった。寄宿寮にみんな入っていてパーテイをやったり、スポーツを楽しんだりではなく、子どもたちはみんな朝、自宅からやって来て学校が終ると自宅に帰った。みんな父母や兄弟たちと家庭に住んでいた普通の子どもたちであった。以上の点だけでもそれはレディやドモランの学校とは全くちがっていた。

それは全くの無基金、無資力で始められたし、大学からの若干の補助金と月謝でまかなわれた私立学校であるより外にありようはなかったが、デューイはそれでも「この学校は精神においては公立学校でありたいと思っている」と言っている。このことばはまことに重要である。

この一言によってわれわれは、デューイ・スクールが理想として公立普通学校の将来におけるあるべき姿を目ざしているものであることを、確認することができる。彼はパーカーが言っているように当時において世界唯一であった公立コモンスクールのあるべき姿を、この実験学校で探究しようとしたのである。それは要するに、いま（その当時）アメリカに育とうとしているる公立コモンスクールのあるべき姿を究明しようとしていたのである。

それ故にこの実験学校は「小学校」であった。それは「六歳から一二歳まで」の児童の就学する本来公立であるべき学校であった。全面的なラダーシステムの第一段階としての無償全員就学の初等学校であった。デューイのこの一言はその意味で極めて重要である。デューイ・スクールはこのような実験学校だったのである。

（デューイ・スクールがどんな教育をしようと試みたかについては本書がつぶさに語っているが、本書を読まれる人は座右にデューイ自身がこの学校について語っている文献を併せ読まれることを期待する。その意味でデューイの著書『学校と社会』（宮原誠一訳）と前述の大浦猛編『実験学校の理論』の二著にはぜひ眼を通してほしい。シカゴでのデューイとパーカーの接触やパーカーの学校とデューイの学校との具体的な関係の詳細については、私は知らない。）

4 権利としての「障害者教育」実現のために

埼玉県の中学校で学んでいた大西赤人は、血友病で足が不自由だった。そのため、体育や実技系の教科の授業には参加できず、内申書の評価が五段階評価の最低だったために、浦和高校への入試成績は合格ラインであったにもかかわらず、不合格となった。

一九七一年一〇月、「大西問題を契機として障害者の教育権を実現する会」結成の呼びかけ人に梅根も加わった。一九七二年九月、梅根は第二回総会に出席し、「教育評価について」講話し、請われて『実現する会』代表顧問に就任した。会長に就いてほしいとの願いに、とても会長役は務まらないと断わり、会のほうで「代表顧問」と名称を変更し、それならばと引き受け、亡くなる日まで務め上げた。

「実現する会」の裏方を務めつつ実質的には会を支えてきた津田道夫（一九二九〜二〇一五）は、梅根の死後、いくつも催された記念事業や追悼特集に目を通し、それぞれに学ばせられることは多かったが、多方面にわたる仕事を蔽いつくして評価しているとは思えなかった。とりわけ、「権力の不正・邪悪にたいする権利擁護の戦士としての面は、じゅうぶんに明らかにされない恨みがある」と思った。「そこにこそ梅根精神の根拠がある」と考えた津田は、梅根の最後の仕事が障害児の教育にかかわるものだったとして、次のような事実も書いている。

「僕は昨年の十二月二九日梅根先生のお宅にこの本の件でうかがいまして、春子夫人とお嬢さんの文子さんと典子さんの三人と話をしたときも、文子さんと典子さんが言うんですね。「父が自分で書けなくなってね。私たちに病床で口述筆記をさせた最後の文章が養護学校義務化の問題ないしは障害者教育の問題だった、それがあるはずだ」と言うんで、書斎を一所懸命探していただいたんです。結局探し出せなかったんですけれどもね」(2)

こんな経過もふまえて津田は『梅根悟障害者教育論集』をまとめ、一九八一年六月、現代ジャーナリズム出版会から発行した。

梅根の没後、「実現する会」の二代目代表顧問となったのが国分一太郎(一九一一～一九八五)である。生活

国分一太郎(出典『いつまでも青い渋柿ぞ』新評論、1986年)

障害者の教育権を実現する会編
『梅根悟障害者教育論集』の扉

綴り方教師としてスタートした国分は、この書の「まえがき」で梅根悟という人物を、以下のように見事に描き出している。

めんどうみ　先生はめんどうみのよいひとであった。仲間・後輩・若い学生。まともな志を持った組織・中組織・小組織。これらのどれにも、めんどうみのよいひとであった。わたしたちの小組織をも、亡くなるまでの十年間、たゆむことなくめんどうみてくださった。

そしてここにこの本にみちみちている労作をも尊い遺産としてのこしていかれた。先生の障害児教育研究と運動への熱意も関与も、めんどうみのひとつにちがいない。

しかしそれは同情やあわれみからのものであるはずはなかった。社会をなして生きていく個体としての人間の平等と、ともに生きていく権利への確信と愛からくるめんどうみであった。人間的自然として生きていくことにすら不自由を感じねばならぬ人びとを前にしてのやさしさに発するものであった。

まっすぐさ　先生はまっすぐなひとであった。先生のまっすぐさは、古いかたくなな時代を歴史の歩みとして越え、人間の真実、科学の真理を生かす道理にあったものの徹底、それへの

（2）『梅根悟障害者教育論集』現代ジャーナリズム出版会、一九八一年、一五〇ページ。

追求からきていた。障害児教育のことはもちろん、ひろく教育に関して、近代主義、近代化と先生がいわれるものは、人間を物と見なし、それを支配と管理のもとにおこうとする「近代的合理主義」やそこから発する官僚主義と座席を同じくするものではなかった。

それどころか「近代化」を名として、道理に合わぬものを温存し、それをますます腐敗させるものをのりこえようと意欲するものであった。むしろ進んだ今日、進みゆく未来に即した「今日化＝現代化」をめざしていた。それゆえ先生のまっすぐさは、古いものへの怒りをともなっていた。ことばの示す普通の意味、基本的・原則的という意味でラジカルであった。「ございます」言葉でおだやかに発する、ここにおさめた談話の多くに、わたしたちは、そのまっすぐさの質を読みとらねばならない。

したたかさ　先生はしたたかなひとであった。そしてそのしたたかさは、官僚主義、官庁的便宜主義へと向けられた。義務教育・障害児教育の義務化の「義務」を、国の義務、地方公共団体の障害者をふくめた「人びとの教育権・学習権の保障」の「義務」とした。今日ようやく良識化しつつある考えかたは、先生の論の立てかたに発するところが大きいとしなければならぬ。先生は、広い知識と目にする事実をもととし、たたかいながら考え、考えながらたたかうことをとおして、この考えかたを多くの人びとのものになさった。先生が亡くなったとき、類型化してものを書きたがる新聞雑誌が「日教組の父」といったのは、つね日ごろの先生のしたたかさを骨身に感じてのことであっただろう。

しごとずき　先生はしごとずきであった。これは「研究家」でありながら、その求めえた理論を空なものにしないこと、「しごと化」するくふうに心をくだくこと、こういってもよい。具体的にどうするのか？　運動のうえでどうやっていくか、教育活動の実行としてどうしていくか。ふと思いついたという風にいいだすにしろ、熟慮した結果として提示するにしろ、この「しごと化」を先生はつねに心がけられた。教育の実際の姿を観察し、教育のしごとにあたるものの苦労にむくいたかったのであろう。そのいくつかの例に、わたしたちはこの本のなかでも接することができる。日教組依嘱の教育制度検討委員会会長のときの「共同教育」が、「統合教育」に形づくられていく姿もひとつのいちじるしい例である。

夢みること　先生は夢みるひとであった。空でないしごとを愛するひとであったために、いっそう夢みるひとであった。わたしたちはそれを、先生の「障害者教育の未来像」にも見ることができる。障害者が地域の人びととその地域でいっしょにくらすように、学校でも障害児は、小人数を理想とする普通学級でまなぶ。しかしその障害児のために、より専門的な指導をすることもなければならぬ。そうすると、その専門的知識と力量をもった指導者をどこに求めるか。いま大規模で空なものになりつつある障害児施設、障害児教育センターの真の役割を将来どんなものにしたらよいか。先生の夢は現実制をおびる形をとりつつ、無限にひろがっていくのである。これは教育制度検討委員会のとき「現代学校をどうするのか」として、地域の学校教育と、在学中の児童生徒に対する校外教育とを、地域の文化活動とむすびつけながら、夢ゆたかに追求したのとかようのであった。そのとき先生の頭のなかには、制度改革ということがたえず去来する。

おおらかさ　しかしながら先生はおおらかなひとであった。おおらかさは、しなやかさと寛容のこころとともにあった。それは制度改革の面でも、運動のすすめかたにふれるときでも共通であった。このことをこの本のなかでは、リアルとか真に実務的という意味でのプラグマティックと評価するのに、読者はでくわすであろう。先生が夢みるひとであることと、現実を凝視するひとであることとのあらわれが、ひたすらに走り焦ることを抑えつつ、困難と複雑さのなかでの一歩一歩の結実を追い求める思考のタイプをつくりださせたのであろう。

ほんとうは、この遺産を大事にするために、もっともっと多くのことをぬきださねばならぬのだが、とりあえずのこととして、これだけのことを書く。そして読者所見のよりふかい読みに期待をかける。

梅根の後を受け継ぎ、二代目の代表を立派に務め上げた国分一太郎は一九八五年一月に亡くなり、二人の代表を支え、ずっと裏方として「障害者の教育権を実現する会」の活動を推し進めてきた津田道夫も二〇一五年一〇月に亡くなった。

一九七一年に結成以来、「権利としての教育」をすべての子に保障すべく奮闘し、さまざまな障害と教育そのものについての認識と理論を深め、教育界に貢献してきた「障害者の教育権を実現する会」も、二〇一七年七月、四六年にわたる全活動に幕を下ろして閉会した。今後は、一人ひとりが運動を通してこれまでに培ってきた考え方をそれぞれの場で活かし、活動することが大切であると確認しあっての解散であった。(3)

（3）〈人権と教育〉第505号、二〇一七年三月、による。

あとがき

梅根悟が一九八〇年に世を去ってから、四〇年近くになろうとしている。しかし、彼の名は教育史研究のなかに生きているし、最後の一五年間を勤めた和光大学には「梅根記念図書館」が建設され、教育史関係の諸文献は今も利用されている。また、和光大学には、明治期から昭和の初めにかけて新教育の育成に貢献した澤柳政太郎と、彼の業績を戦後に発展させた梅根悟の二人の胸像が残されている。しかし、梅根についての評伝は、残念なことにこれまで書かれることはなかった。

若かった私にとっては、梅根はあまりにも大きな存在であった。西洋教育史研究に関して言えば、英・独・仏・伊・東欧・米など各国の教育史に詳しいうえに、教育学研究者について言えば、チェコのコメニウス、フランスのルソー、アメリカのデューイなど、彼の研究は大変幅広く奥行きの深いものであった。

とても私には、この研究者の道筋をたどって発表するだけの力はないのではないかと感じていた。しかし、新評論の武市社長から「梅根の評伝を書いてみませんか」と誘われ、「今や、梅根先生の弟子としては中野さん一人になったのでしょう。評伝を書く責任があるのではないですか」と強調されてしまった。

考えてみれば、世界教育史研究会の先輩も、同じ時代を生きた人たちもほとんどが亡くなられている。残っているのは、私一人になっていた。たしかに、梅根の学生の一人として学び、卒業論文の指導も受けた。また、和光大学へ招かれてもいる。さらに、「世界教育史研究会」にもメンバーの一人として参加した。とはいえ、「この大きな巨人に、どのようにして取り組んだらよいのだろうか……」と途方に暮れた想いでもあった。

しばらく逡巡した結果、「書かざるを得

図書館の入り口にある梅根の首像。かつての盟友、吉田芳美（和光大学教授）の作

和光大学附属梅根記念図書館にある著作の展示棚コーナー

ないか」と決断した。しかし、梅根の著作を読み返せば読み返すほど梅根の存在は大きくなり、まるで遠ざかっていくようでもあった。

二〇〇六年に、私は黄斑変性症による視覚障害者となっていた。辛うじて、「拡大読書器」を通して文字を二十数倍に大きくして読書をし、文章を書いていた。言うまでもなく、時間のかかる作業であったが、頑張ってみよう、と決心した。しかし、二〇一五年頃から私の視力はさらに弱くなってしまった。梅根の研究は、やはり「これ以上は無理だ」という不安にも襲われたことも事実である。

そこで、金沢大学時代の学生の一人である西口敏治君に相談してみた。彼は、次のように言って励ましてくれた。

「中野先生でないと、できないことがあるでしょう。僕には時間があるし、興味もあるから、お役に立つこともあるでしょう」

優秀な学生であった西口君は、優れた卒業論文を書いて金沢大学附属小学校の教師となった。私が梅根から新設の和光大学への転任を乞われたとき、石川県の民間教育団体のリーダーや県教組の役員など有志の方々が「中野の和光への転任反対」という運動をされたのだが、その一人として努力してくれた人物でもある。

しかし、縁とは不思議なもので、彼がまず和光学園小学校の教師として上京することになった。和光小学校では梅根の大学教育を見聞したほか、その教育理念に共鳴し、小学校では貴重な役割を果たしてきた。その後、惜しまれて和光小学校を去り、自由な教師として民間教育運動で活躍したほか、いくつかの大学で「教育学」を教えてきた。

もちろん、私は和光学園の小学校の公開授業のときには参観し、中央大学の非常勤講師となった彼が講義をしたときには聴きに行ったこともある。そのときの出来事として、忘れることのできない一コマがある。日本人学生だけでなく、数名の中国人留学生が次のように言っていたのだ。「西口先生の評判は友人から聞きました。単位取得は問題ではなく、授業を受けたいから出席しています。故国の学問と違い、新鮮で面白いです」

かつて、私もこのような思いで梅根の授業を聴いていた。そのことを、本書を著すことで思い出すことができたようにも感じる。もちろん、梅根悟の超人的な学問の広さと深さ、その実践のなかで一生を通して受けた学問的および生き方の影響も私は受け継いできたと自負している。そんなことが本書の出版で再確認できたことで、これまでの努力が報われたようにも思っている。

最後になるが、株式会社新評論の武市一幸氏には感謝を申し上げる。氏は、前述したようなことが理由で遅々として進まぬ私の原稿を辛抱強く待ってくれただけでなく、原稿チェックにも参加してくれた。そして、さまざまなサポートをしてくれた西口敏治氏にも感謝を申し上げたい。この二人の助力なしに本書は完成しなかったと思っている。文字通り、本著は西口、武市、中野の共著ともいうべき過程をたどった。

さらに、しばしば拙宅を訪ねてくださった早川清、小林文雄、石原邦彦ら和光大学の卒業生、さらに梅根家のみなさま、とくに故春子夫人、ご長男の故栄一様の夫人礎子様、そして一番下の要様にはアメリカでお世話になり、それぞれに温かいお心遣いをいただいた。

また、本書の最終段階において、貴重な写真を快く提供してくださった二女文子様、三女典子様のご協力にも心から御礼を申し

1972年、西浦海岸で釣りを楽しむ梅根。筆者も、釣りを趣味としていたことは知らなかった（写真提供：梅根文子氏）

上げたい。とくに、この「あとがき」に掲載した梅根が釣りを楽しむ写真は、私も驚いた次第である。

教育界に存在した「大きな巨人・梅根悟」、この人物のことが本書の出版において、現在教師として活躍されている方だけでなく、今後、教師という職業を目指す方々に伝えることができれば望外の喜びである。本書を通して梅根の理念の一端にでも触れていただき、次の時代をつくっていただきたいと願いつつ、本書を閉じることにする。

カリフォルニア大学の図書館を背にして。梅根要様（左）と筆者

二〇一九年　一月

中野　光

〜 10月	①労作教育新論・現代訓育論、②新教育への道、③カリキュラム改造・新教育と社会科、④生活学校の理論——新しい生活教育の建設のために——単元、⑤初等理科教授の革新、⑥コア・カリキュラム——生活学校の教育設計、⑦問題解決学習、⑧新エミール・新しい中学校の教育
1978年2月	『中等教育原理　新版』（新・教職教養シリーズ）誠文堂新光社
1978年9月	『デューイ実験学校』（シリーズ世界の教育改革4）K.C. メイヨー・A.C. エドワーズ／梅根悟・石原静子訳、明治図書出版
1981年6月	『梅根悟障害者教育論集』障害者の教育権を実現する会編、現代ジャーナリズム出版会
1982年4月	『教育断想　歴史に生きる』あゆみ出版
1984年3月	『教育の話』（ほるぷ現代ブックス　3）ほるぷ出版

梅根一家（写真提供：梅根もと子氏）

	周吉、③「日本教育史Ⅲ」小松周吉、④「中国教育史」齋藤秋男、⑤「朝鮮教育史」渡部学、⑥「東南アジア教育史」戸田金一、⑦「イギリス教育史Ⅰ」川合章［梅根悟一部執筆］、⑧「イギリス教育史Ⅱ」川合章、⑨「フランス教育史Ⅰ」佐藤英一郎［梅根悟一部執筆］、⑩「フランス教育史Ⅱ」佐藤英一郎、⑪「ドイツ教育史Ⅰ」長尾十三二［梅根悟一部執筆］、⑫「ドイツ教育史Ⅱ」長尾十三二、⑬「イタリア・スイス教育史」小林虎五郎［梅根悟一部執筆］、⑭「北欧教育史」松崎巌、⑮「ロシア・ソビエト教育史Ⅰ」池田貞雄、⑯「ロシア・ソビエト教育史Ⅱ」池田貞雄、⑰「アメリカ教育史Ⅰ」柳久雄、⑱「アメリカ教育史Ⅱ」柳久雄、⑲「ラテンアメリカ教育史Ⅰ」皆川卓三、⑳「ラテンアメリカ教育史Ⅱ」皆川卓三、㉑「幼児教育史Ⅰ」岩崎次男、㉒「幼児教育史Ⅱ」岩崎次男［梅根悟一部執筆］、㉓「初等教育史」中野光［梅根悟一部執筆］、㉔「中等教育史Ⅰ」長尾十三二［梅根悟一部執筆］、㉕「中等教育史Ⅱ」長尾十三二、㉖「大学史Ⅰ」平野一郎［梅根悟一部執筆］、㉗「大学史Ⅱ」平野一郎［梅根悟一部執筆］、㉘「義務教育史」真野宮雄［梅根悟一部執筆］、㉙「教育財政史」伊藤和衛、㉚「教員史」石戸谷哲夫［梅根悟一部執筆］、㉛「体育史」成田十次郎、㉜「技術教育史」岩内亮一、㉝「障害児教育史」小宮山倭、㉞「女子教育史」志村鏡一郎、㉟「農民教育史」浜田陽太郎、㊱「社会教育史Ⅰ」福尾武彦、㊲「社会教育史Ⅱ」福尾武彦、㊳「道徳教育史Ⅰ」梅根悟［梅根悟一部執筆］、㊴「道徳教育史Ⅱ」梅根悟、㊵「別巻（世界教育史事典）」
1974年11月	『教育の話』（ほるぷ新書５）ほるぷ総連合
1975年２月	『私の教育改革論』明治図書出版
1975年６月	『日本の教育改革』（国民文庫818）大月書店
1977年５月	『梅根悟教育著作選集』（全８巻）明治図書出版

	録「一層進んで研究しようとする人々のための参考書」
1964年6月	『中等教育原理』（新・教職教養シリーズ）誠文堂新光社
1966年4月	『教育の歴史　増補版』（女教師双書1）新評論
1966年6月	『ある教育者の遍歴』梅根先生の退官を記念し新出発を祝う会編、誠文堂新光社
1966年6月	『教育史学の探究』梅根先生の退官を記念し、新出発を祝う会実行委員会編集、講談社
1966年12月	『私の大学論』誠文堂新光社
1967年6月	『近代国家と民衆教育――プロセイン民衆教育政策史』（西洋近世教育研究史2）誠文堂新光社
1967年9月	『世界教育史　改訂新版』新評論
1968年4月	『西洋教育思想史（1）紳士教育論の時代』誠文堂新光社
1968年9月	『西洋教育思想史（2）国民教育思想の時代』誠文堂新光社
1969年10月	『西洋教育思想史（3）自由主義教育思想の時代』誠文堂新光社
1970年1月	『大学教育論』誠文堂新光社。附録「フィヒテの大学教育論」
1970年4月	『大学の理念と構想』フィヒテ他／梅根悟訳（世界教育学選集53巻）明治図書出版
1970年10月	『批判的教育学の問題』（世界教育学選集55）篠原助市著／梅根悟編、明治図書出版 ＊本書の解説「篠原助市とその教育学」を書いている。
1971年5月	『ルソー「エミール」入門』明治図書出版。附録「エミール」を一歩進んで勉強しようと思う人たちのために
1972年9月	『私の中教審答申批判』明治図書出版
1973年9月	『梅根悟　教育研究五十年の歩み』梅根悟・教育史研究会編、講談社
1974年6月 ≀ 1978年4月	『世界教育史大系』（全40巻）梅根悟監修、世界教育史研究会編、講談社 ①「日本教育史Ⅰ」小松周吉、②「日本教育史Ⅱ」小松

1950年10月	『現代訓育論』明治図書出版
1951年3月	『単元』誠文堂新光社
1951年5月	『新エミール』誠文堂新光社 ＊「くわやまのぼる」というペンネームで、雑誌〈1年のカリキュラム〉、〈カリキュラム〉にエミールの翻案的な文章を書き、それをまとめたもの。
1951年8月	『新教育への道　改訂増補』誠文堂新光社
1954年5月	『問題解決学習』誠文堂新光社
1955年10月	『世界教育史――人間は人間を幸福にできるその考え方の歴史』光文社
1956年10月	『コメニウス』（西洋教育史4）長田新監修、牧書店
1957年3月	『中世ドイツ都市における公教育制度の成立過程』（西洋近世教育史の研究第1巻）誠文堂新光社。附録「Licentia Docendi について――西ヨーロッパ11・12世紀の教育史についての考察」
1960年3月 ～ 1983年10月	『世界教育学選集』梅根悟・勝田守一監修、明治図書出版 ・第17巻「国家権力と教育――大学論・教育学講義序説」シュライエルマッヘル／梅根悟・梅根栄一訳（1961年5月） ・第35巻「政治と教育――隠者の夕暮他」ペスタロッチ／梅根悟訳（1965年9月）「解説」、附録「隠者の夕暮」「ドイツ語テキスト」 ・第53巻「大学の理念と構想」梅根悟訳 ・第79巻「三宅米吉教育論集」森田俊男編（1974年5月） ＊「三宅米吉と教育学」を執筆 ・第92巻「シュタンツ便り他」
1963年2月	『コメニウス――歴史を創った教師』牧書店 ＊背の表示は「Comenius Great Educators」
1963年7月	『ソヴェート教育紀行』（紀伊國屋新書）紀伊國屋書店
1963年12月	『西洋教育史』（新・教職教養シリーズ）誠文堂新光社
1964年4月	『教育方法』（新・教職教養シリーズ）誠文堂新光社。附

梅野悟主要著作目録

1933年12月	『労作教育新論』成美堂書店。附録「フィッシャー労作教育論と体験教育論」、「日本に於けるケルシェンシュタイナー輸入史」
1936年８月	『現代訓育思潮』（現代教育学大系［原論篇］第18巻）
1939年１月	『コメニウス』（大教育家文庫12）岩波書店 ※この本の著者は「佐々木秀一」となっているが、実は、「私が文理大在学中に手がけてきたコメニウス研究の成果をまとめたものであり、アカデミックな教育史研究の面での私の労作としては、最初のまとまったものである」（『ある教育者の遍歴』より）
1939年10月	『初等国民学校の理念』成美堂書店。附録「教育審議会の国民学校案に就いて――教育審議会及び文部当局に望む」
1940年９月	『初等教授改革論』（革新教育叢書１）賢文館
1947年12月	『新教育への道』誠文堂新光社
1948年８月	『新教育と社会科』（教育文庫）河出書房
1948年10月	『生活学校の理論――新しき生活教育の建設のために』国立書院
1948年12月	『初等理科教授の革新』（新教育新書）誠文堂新光社
1949年１月	『ヒューマニズムの教育思想――新教育思想の源流』中央教育出版。附録１「ヴィヴェス小伝」、附録２「エラスムスの『児童教育論』に就いて（文献解説）」、附録３「ヴィヴェスの『教授論』に就いて（文献解説）」
1949年４月	『コア・カリキュラム――生活学校の教育設計』光文社
1949年５月	『生活学校の理論』三養書房
1949年５月	『カリキュラム改造――その歴史的展開』（教育学全書３）東京文理科大学教育学会編、金子書房
1949年７月	『コア・カリキュラムの本質』（カリキュラム・シリーズ）誠文堂新光社
1950年７月	『教育方法』（教職教養シリーズ６）誠文堂新光社

10月　74歳	・教育史学会（於京都）に春子夫人付き添いのもと出席。大学の一般教育科目「教育学1」の講義を中野光教授と共同で担当。健康状態が悪化し、11月以降は中野に任す。大学の業務については、春田正治常務理事、木本力学長室長らが自宅へ通い、報告し指示を受けた。
1978(昭和53)年 6月　74歳	・『世界教育史大系』（全40巻）の完成祝賀会が京王プラザホテルで行われる。
9月　75歳	・石原静子氏との共訳で『デューイ実験学校』を出版。
11月　75歳	・自宅で転倒し骨折。以後、行動が不自由になる。 ・『世界教育史大系』が毎日出版文化賞を受賞し、受賞記念パーティが椿山荘で行われる。翌日（24日）、大学の運営委員会に出席し、お礼を述べると共に「今度は各教科についての世界教育史の企画編集を頼まれているので、その仕事にも取りかかりたい」と意欲を示したが、この日が最後の出勤日となった。
1979(昭和54)年 4月　75歳	・川口市病院に入院。6月には日本大学付属板橋病院に転院。
12月　76歳	・『資料日本教育実践史』を海老原治善、中野光との共編で出版。
1980(昭和55)年 3月　76歳	・肺炎を起こし、3月13日、永眠（享年76歳）。 ・21日、青山斎場で和光大学・和光学園葬が行われる。参列者約1,000名。新聞各紙に、生前の業績を讃え、哀悼の意が掲載される。 ・日本生活教育連盟は、〈生活教育〉追悼臨時増刊号（1981年1月号）を発行。和光学園報では、5月号に葬儀の模様を伝える特集を組んだ。

(注)この年譜は『梅根悟　著作目録』（和光大学梅根記念図書館編、1984年）および〈生活教育〉追悼臨時増刊号1981年1月（日本生活教育連盟編集）をもとに作成したものである。また、掲載した本の出版社などは215ページからの「著作目録」を参照。

11月　　70歳	・和光学園創立40周年を祝う。
1974(昭和49)年 6月　　70歳	・梅根悟監修『世界教育史大系』(全40巻) が刊行開始される。
7月　　70歳	・教育制度検討委の最終報告書『日本の教育改革を求めて』が出版される。
8月　　70歳	・日本教育学会会長となる。
9月　　71歳	・日教組に中央教育課程検討委員会が設けられ、その委員長となる。
11月　　71歳	・『教育の話』を出版。夏に一気に書き上げた梅根教育学の結晶ともいうべき傑作。
1975(昭和50)年 1月　　71歳	・日教組第24次・日高教第21次教研 (於岡山市) で「日本の教育改革」と題して講演。
2月　　71歳	・『私の教育改革論』を出版。
6月　　71歳	・『日本の教育改革』を出版。
9月　　72歳	・和光大学広報委員会の編集による『小さな実験大学』を刊行。
1976(昭和51)年 3月　　72歳	・最高裁への提訴 (1969年4月) に判決。警察の捜索に一部違法があったことが認められた。
4月　　72歳	・梅根奨学金を拡充して、和光大学奨学金制度発足。
5月　　72歳	・日教組中央教育課程検討委員会の教育課程改革案まとまり、12月に出版。
8月　　72歳	・日生連第28回夏季全国研究集会 (於伊東市) に参加。歩行がやや困難になり、最後の出席となった。
1977(昭和52)年 5月　　73歳	・日赤医療センターに検査入院。第11期中央教育審議会委員を引き受ける。 ・生活教育運動の再興を願って『梅根悟教育著作選集』(全8巻) を順次刊行。
9月　　73歳	・日教組大学問題検討委員会が発足、委員長に就任。(健康がすぐれず、大田堯氏が後を引き継ぐ)

1969(昭和44)年 2月　65歳	・前年から始まった学生運動が和光大学にも及び、２月18日、学長室を含む事務棟が一部の学生により占拠され、暴力事件が起こる。学生との対話を通しての解決を願い、心身ともに疲労。
3月　65歳	・チェコ・スロバキア共和国より、コメニウス研究を讃えて「文化功労賞」が贈られる。大使館での伝達式には春子夫人とともに出席。
4月　65歳	・突如、警察機動隊が学内に入構。11月にも２日間あり、「不当」であるとして最高裁判所へ「特別抗告」を行う。
10月　66歳	・教育史学会の代表理事となる。
1970(昭和45)年 1月　66歳	・『大学教育論』を出版。
4月　66歳	・フィヒテ『大学の理念と構想』(世界教育学選集第53巻)を翻訳出版。
8月　66歳	・朝鮮民主主義人民共和国の招きにより訪朝。旅行記を雑誌〈生活教育〉の11月号より翌年９月号に連載。
12月　67歳	・日教組教育制度検討委員会会長となる。以後、1974年の初夏、最終報告書をまとめるまでエネルギーを注ぐ。
1971(昭和46)年 5月　67歳	・『ルソー・エミール論』を出版。
1972(昭和47)年 8月　68歳	・日生連第24回夏期全国研究集会(於大分県別府市)で「今こそ生活教育を」と題して講演。日生連での講演はこれが最後となった。
9月　69歳	・『私の中教審答申批判』を出版。
1973(昭和48)年 5月　70歳	・家永教科書裁判に、原告側証人として東京地裁で証言。
9月　70歳	・古稀を祝い、50年にわたる教育研究の歩みを門弟らが聞き取り、『教育研究五十年の歩み』として出版。 ・誕生日(９月12日)に、箱根強羅の「石葉亭」で春子夫人と共に祝いを受ける。

12月 60歳	・31日、長女、京子が急逝。遺児、美也雄（生後２か月余）を３歳頃まで夫人と共に養育。 ・配偶者だった小菅章雄氏と1964年12月に冊子「神の手袋」を作る。
1965(昭和40)年 ４月 61歳	・和光学園が大学を創立することになり、春田正治、山崎昌甫らと準備にとりかかる。
９月 62歳	・『政治と教育—隠者の夕暮他—』（世界教育学選集35、ペスタロッチ著）を翻訳出版。
1966(昭和41)年 １月 62歳	・日本学術会議会員任期満了。次期の会員選挙には立候補せず、６年で任務を終える。
３月 62歳	・停年まで１年間を残し、東京教育大学教授を退職。
４月 62歳	・和光大学学長となる。４月18日、学生382名、専任教員43名、職員29名、非常勤講師15名で発足。全学の構成員に、和光大学を「自由な研究と学習の共同体たらしめたい」と説く。
６月 62歳	・『ある教育者の遍歴』（梅根先生の退官を記念し新出発を祝う会編）が出版される。『教育史学の探求』（梅根先生の退官を記念し、新出発を祝う会実行委員会編）出版される。 ・「梅根先生の退官を記念し、新出発を祝う集い」が和光大学で開かれ、記念の募金を基金として「梅根奨学金制度」が作られる。
８月 62歳	・２度目の日生連委員長となる。（６代目委員長として1980年まで務める）
12月 63歳	・『私の大学論』を出版。
1967(昭和42)年 ５月 63歳	・和光大学に短期大学を設置する構想をたて、準備を始める。しかし、大学設置審議会は、和光大学は財政基盤が弱いとして短大の設置を認めず、頓挫した。
1968(昭和43)年 ４月 64歳	・『西洋教育思想史１』を出版。第２巻は同年９月、第３巻を翌年10月に出版。多忙中のことゆえ、周囲が驚く。

11月　56歳	・日本学術会議会員に立候補し、当選。第１回総会で学術体制委員会の幹事となり、その後大学制度問題に取り組み、学術会議の二度の勧告「大学制度の改善について」（1961年６月）「大学の管理制度の改善について」（1962年５月）、および政府に対する申し入れ「大学管理運営について」（1962年12月）の起草と総会での可決に努力する。
1960（昭和35）年 ５月　56歳	・母、クマ没（享年80歳）。
11月　57歳	・ソビエトおよびチェコに旅行。その後、旅行記を〈生活教育〉に14回にわたって連載。それをもとに、『ソヴェート教育紀行』（1963年７月）を出版。
1961（昭和36）年 １月　57歳	・『教育の歴史』を出版。
５月　57歳	・長男、梅根栄一との共訳でシュライエルマッヘル『国家権力と教育』（世界教育学選集第17巻）を出版。
1962（昭和37）年 ４月　58歳	・東京教育大学教育学部長となる。構想してきた『世界教育史大系』の出版を実現すべく「世界教育史研究会」を組織し、各分野の教育史研究者百余名の参加を得て研究に着手。
６月　58歳	・東京教育大学学長選挙の候補者となったが落選。東京教育大学が筑波へ移転する分岐点ともなった。
11月　59歳	・日本学術会議会員に２度目の当選。学術体制委員会の委員長に推される。
1963（昭和38）年 ７月　59歳	・任期を８か月残して教育学部長を辞任。学部附属の特殊教育養成施設（盲人を対象とする理療科教員の養成コースを含む）を正規コースとする案が学部教授会で否決され、その責任をとるというのが辞任の理由。
９月　60歳	・12日、60歳の誕生日を迎える。門弟らが還暦を祝い、略年譜、著作目録および有志の感想を集めた冊子「ながれ」を作成。 ・論文集『国民教育の改革』を編集し出版。

1954(昭和29)年 4月　50歳	・論文「中世ドイツ都市における公教育制度の成立過程」によって文理大より文学博士の学位を受ける。この論文は1957年3月に出版された。
1955(昭和30)年 10月　52歳	・『世界教育史』を出版。「梅根教育史といったものを世に問うつもりで書いた」と本人が述べるように、個人が執筆した「世界教育史」としては世界初の力作。
1956(昭和31)年 5月　52歳	・教育史学会が創立され、初代事務局長となる。代表理事は石川謙氏。
10月　53歳	・『コメニウス』を出版。かつて「佐々木秀一」の名で出ていた旧著を書き改め、自らの名で出すことができた。(1963年2月、改訂出版)
11月　53歳	・「社会科には教科書はいらない（とくに小学校では)」と主張してきた梅根だが、大野連太郎、樋口澄雄、川合章、浜田陽太郎氏らと共に大日本図書から社会科の教科書を出すことになったが、「教科書というものは、教えることの要点だけを要領よくまとめたものであるべき」という検定方針に合わなかったため、半分が不合格となり出版を断念。
1957(昭和32)年 7月　53歳	・農林省開拓普及局普及部の依頼により、農業改良普及員に対して「教育方法」について講義。これを契機に、普及事業に関係。開拓局関係（農改、生改）水産庁関係（漁家生改）林野庁関係などの普及員、専門技術員、普及所長などの研修に講師として出席。「問題解決学習」は文部省から農林省へ移った感があった。さらに、1960年から専門技術員資格試験審査委員を務める。
1959(昭和34)年 10月　54歳	・『近世の教育』を出版。

7月　46歳	・三男、かなめ誕生。
11月　47歳	・金子書房版『教育大学講座』の『西洋教育史』の中の「西洋教育史概説」は、同講座の『教育制度』の中の「欧米教育制度発達史」と共に、西洋教育史像再構成への手ならし的な労作。学位論文の構想と準備がこの頃から始まる。
1952(昭和27)年 1月　47歳	・雑誌〈教育〉1月号の社会科をめぐるシンポジウムで、勝田守一の提案について梅根が批判。以後、社会科のあり方をめぐる梅根・勝田論争が〈教育〉と〈カリキュラム〉誌上で約1年にわたって展開された。
6月　48歳	・コア・カリキュラム連盟（翌年6月「日本生活教育連盟」と改称）委員長となる。（1956年6月まで）
1953(昭和28)年 4月　49歳	・琉球大学への最初の招聘教授として軍政下の沖縄へ渡航。現職教員への講習会を小宮山栄一氏と共に務め、4か月滞在。その間に『問題解決学習』を執筆し、翌年出版。『新教育への道』、『生活学校の理論』と共に「生活教育論の3部作」と言われる。
10月　50歳	・門弟らを自宅に招き、銀婚を祝う会を開催。その後、この会は「新年鳩ヶ谷集会」と銘打って、新年の第1日曜日を定例とし、和光大学学長就任後も続けられた。毎年、70～100名が出席した。  銀婚を祝う会（写真提供：梅根もと子氏）

1945(昭和20)年 8月15日	・玉音放送を家で聴く。「空しい感じ。……自分の言ってきたこと、やってきたこと、書いてきたことに対する痛切な反省がやってくる。悔い改めがやってくる」 ・校長退職を決意するが、認めてもらえなかった。
1946(昭和21)年 7月　　42歳	・川口中学校校長を辞めて川口市助役になる。助役在職は10か月だったが、この間に「川口プラン」を推進。
1947(昭和22)年 4月　　43歳	・川口市助役を退職。文理大に迎えられるまでの10か月間、研究と著述に没頭。
12月　　44歳	・戦後の第1作『新教育への道』を出版。
1948(昭和23)年 2月　　44歳	・東京文理科大学助教授になる。
8月　　44歳	・『新教育と社会科』を出版。
10月　　45歳	・「コア・カリキュラム連盟が結成され、副委員長となる（委員長は石山脩平）。以来、連盟と機関誌〈カリキュラム〉（1949年1月創刊）を拠点に、新教育運動、コア・カリキュラム運動に精力を注ぐ。 ・『生活学校の理論』を出版。
12月　　45歳	・『初等理科教授の革新』を出版。
1949(昭和24)年 1月　　45歳	・『ヒューマニズムの教育思想』（1月）、『コア・カリキュラム――生活学校の教育設計』（4月）、『カリキュラム改造』（6月）、『コア・カリキュラムの本質』（7月）、『教育制度』（8月）を金子書房より出版。
1949(昭和24)年 8月　　45歳	・東京教育大学教授となり、東京文理科大学教授を兼ねる。 ・この頃から、西洋教育史、とりわけ政策・制度史の研究に労力を振り向ける。
1950(昭和25)年 4月　　46歳	・『新しい中学校の教育』を出版。 ・和光学園がコア・カリキュラム連盟の実験学校となり、同学園の顧問に就任。

1936(昭和11)年 4月　32歳	・半年間、国民精神文化研究所へ派遣される。 ・『現代教育学大系』全48巻の刊行始まる。のちに河出書房社長となる河出孝雄の希望により、梅根が企画の中心となる。第18巻『現代訓育思潮』は梅根の執筆による。
10月　33歳	・茨城師範から埼玉師範の附属小学校主事に転任。 ・茨城師範学校の教頭が急死し、12月より茨城師範の教頭。
1937(昭和12)年 4月　33歳	・三女、典子誕生。
1938(昭和13)年 4月　34歳	・若くして埼玉県立本庄中学校長になる。年俸1800円は破格。
1939(昭和14)年 1月　35歳	・「佐々木秀一」の名前で『コメニウス』を出版。文理大在学中から手がけてきたコメニウス研究の成果をまとめたもの。
6月　35歳	・父、杢太が没（享年73歳）。
10月　36歳	・『初等国民学校の理念』を出版。雑誌〈教育〉で、周郷博氏により最大級の讃辞。
12月　36歳	・四女、こだま誕生。（1948年5月死去）
1940(昭和15)年 9月　37歳	・『初等教授改革論』（賢文館）を出版。
1941(昭和16)年 2月　37歳	・『国民教育の新体制』を出版。のちに、「近衛文麿首相の唱えた新体制運動に即して立論したもの、戦争中の私を示す証拠物件である」と述べる。 ・埼玉県川口中学校長に就任後、太平洋戦争が始まる。 ・12月に「日本教育学会」が生まれ、文理大で開かれた第2回大会で「統制と伝統―教育政策の根本問題」という研究発表を行う。
1942(昭和17)年 3月　38歳	・五女、あづま誕生。
1944(昭和19)年 3月　40歳	・六女、里子誕生（1945年7月死去）

1927(昭和２)年 ４月　　23歳	・東京高師を卒業し、岡山師範学校教諭になる。３年間在職。その間〈備作教育〉誌に「ロシアの教育現状」を５号にわたって執筆連載。
1928(昭和３)年 ８月　　24歳	・医師杉村長蔵の長女、杉村春子と結婚。当時春子は、東京の実践女学校専門部に在学中だったため、当初は別居。
1929(昭和４)年 ７月　　25歳	・長男、栄一誕生。岡山で出産後に帰京し、春子は学業を続ける。
1930(昭和５)年 ４月　　26歳	・東京文理科大学（文理大）教育学科に入学し、上京。一戸を構えて妻と生活。最初は池袋、のちに十条に移る。
1931(昭和６)年 ４月　　27歳	・次男、脩二誕生。（翌年10月死去）
1932(昭和７)年 ４月　　28歳	・梅根をはじめとする文理大教育学科の学生が乙竹岩造、篠原助市教授らをくどいて月刊誌〈教育学研究〉創刊。戦争中の学術誌統合で日本教育学会の機関誌となったが、誌名やナンバーは受け継がれた。 ・卒論を書くために海外の古本屋を通じてコメニウス関係の文献を購入。現在、筑波大学にある「コメニウス文庫」の大部分は、のちに梅根が寄贈したもの。
1933(昭和８)年 １月　　29歳	・長女、京子誕生。
３月　　29歳	・文理大を卒業。卒業論文は「近世教育思想史における自然概念及び合自然原理の発展」。
５月　　29歳	・茨城師範学校附属小学校主事になる。
12月　　30歳	・処女出版となる『労作教育論』を出版。
1935(昭和10)年 ８月　　31歳	・次女、文子誕生。

梅根悟　年譜

1903(明治36)年 9月12日　0歳	・福岡県嘉穂郡宮野村（現・嘉穂町）大字桑野2201番地で、大工職人の父李太、母クマの長男として生まれる。実家は「油屋」という屋号の雑貨屋を営んでいた。
1910(明治43)年 4月　6歳	・宮野尋常小学校に入学。義務教育が４年制の時であり、各学年１学級、計４学級という小規模なものだった。在学中に、義務教育が４年から６年に延長されている。
1916(大正５)年 4月　12歳	・大隈町ほか５か村の学校組合立大隈高等小学校に入学。新入生代表として挨拶。
1918(大正７)年 3月　14歳	・大隈高等小学校を卒業後、１年間、家の手伝いと受験勉強で浪人生活。当時、師範学校は高等小学校３年卒を入学資格としていた。
1919(大正８)年 4月　15歳	・福岡県小倉師範学校に入学。歴史の末岡作太郎、国語の中村亀蔵両先生に触発され、歴史では実地調査をしてレポート、国語では「鎌倉室町時代文学史之研究」というレポート（400字詰200頁）を提出。
1923(大正12)年 4月　19歳	・小倉師範を卒業し、東京高等師範学校に入学。新入生を代表して宣誓文を読む。歴史学の三宅米吉、マルクス経済学の山田盛太郎から深い感化。
1925(大正14)年 4月　21歳	・東京高師在学のまま、東京外国語学校第２部（夜間）フランス語学科に入学し、ルソーの『エミール』を原文で読むことを目指す。東京高師の校友会誌〈学芸〉にルソーの書簡数編を訳出して掲載。外国語学校は２年目の３学期で退学。
7月　21歳	・東京高師に入った年が徴兵適齢で、小倉の歩兵第14聯隊に陸軍６週間現役兵として入営。二等兵待遇で、「国民軍幹部適任証」をもらって除隊。

和光大学の沢柳政太郎胸像の前で（1966年６月）（出典：『梅根悟教育著作選集６』）

著者紹介

中野　光（なかの・あきら）

1929（昭和４）年、愛知県生まれ。

岡崎高等師範学校、東京文理科大学に学ぶ。1954年、桐朋学園（中・高校、小学校）を振り出しに、金沢大学、和光大学、立教大学、中央大学で教育と研究に携わる。

『大正自由教育の研究』（黎明書房、1968年）で毎日出版文化賞を受賞。

日本生活教育連盟委員長、日本教師教育学会会長、日本子どもを守る会会長、日中教育研究交流会議代表、日本学術会議会員などを務める。

2004年、ペスタロッチー教育賞受賞。

2000年以降の主要著作として以下のものがある。
『中野光・教育研究著作選集』（全３巻）つなん出版、2000年
『教育学（補訂版）』（共著）有斐閣、2004年
『日本のペスタロッチーたち』つなん出版、2005年
『学校改革の史的原像――「大正自由教育」の系譜をたどって』黎明書房、2008年
『大正自由教育研究の軌跡――人間ペスタロッチーに支えられて』学文社、2011年

梅根悟――その生涯としごと　（検印廃止）

2019年３月１日　初版第１刷発行

著　者　中　野　　光
発行者　武　市　一　幸

発行所　株式会社　新　評　論

〒169-0051
東京都新宿区西早稲田３-16-28
http://www.shinhyoron.co.jp

電話　03(3202)7391
FAX　03(3202)5832
振替・00160-1-113487

落丁・乱丁はお取り替えします。

定価はカバーに表示してあります。

装幀　山田英春
印刷　フォレスト
製本　中永製本所

ISBN978-4-7948-1116-5

新評論　好評既刊

中野光・行田稔彦・田村真広 編著

あっ！ こんな教育もあるんだ

学びの道を拓く総合学習

「学ぶことと生きること」が結びついた教育をめざす各地の豊かな実践。

[四六並製 304頁 2200円 ISBN978-4-7948-0704-5]

中野 光

増補改訂版 大正デモクラシーと教育 ＊オンデマンド

１９２０年代の教育

戦間期における民主的教育改革運動の脈動を照射し民主教育解体の危機を乗り越える方図を描く。

[A5並製 256頁 3600円 ISBN978-4-7948-9998-9]

国分一太郎

[復刻版]君ひとの子の師であれば

真の教育を追求するすべての教師、教育の未来を模索するすべての人に贈る不朽の名著、２０年余を経て待望の復活！

[四六並製 284頁 2200円 ISBN978-4-7948-0919-3]

宮原誠一・国分一太郎 監修

[新装版]教育実践記録選集 1～5 ＊オンデマンド

「学級というなかま」「幼い科学者」「学校革命」など名編佳作を精選。

[A5並製 278～336頁 ①②3800円 ③④⑤3900円]

国分一太郎

みんなの綴方教室 ＊オンデマンド

「再生的」ではなく「創造的・構成的」に、書くことによる教育の意義。

[四六並製 292頁 3200円 ISBN 978-4-7948-9932-3]

＊表示価格はすべて本体価格（税抜）です。